A

# GRANDE DANÇA

## A VISÃO CRISTÃ REVISITADA

C. Baxter Kruger, Ph. D.

Perichoresis Press
P. O. Box 98157 • Jackson, MS 39298
www.perichoresis.org

A Grande Dança: A Visão Cristã Revisitada
ISBN: 978-1-960761-62-0
Copyright © 2025 by C. Baxter Kruger, Ph.D.,

Perichoresis Press é um ministério da Perichoresis, Inc.,
Uma organização cristã sem fins lucrativos dedicada a promover o redescobrimento de Jesus Cristo.

# Sobre o Autor

Baxter Kruger é casado com Beth há 40 anos. Eles têm quatro filhos e quatro netos e moram em Brandon, Mississippi. Ele recebeu seu doutorado no Kings College da Universidade de Aberdeen, na Escócia, sob a orientação do Professor James B. Torrance. Dr. Kruger é autor de 10 livros, incluindo os bestsellers internacionais *De Volta À Cabana*, *Patmos*, e seu pequeno livro inicial, *A Parábola Do Deus Que Dança*, além de diversos ensaios, centenas de horas de ensino e uma variedade de estudos online—todos disponíveis em perichoresis.org. Dr. Kruger tem viajado pelo mundo há 30 anos proclamando a boa nova da nossa inclusão em Jesus e seu relacionamento com o Pai no Espírito. Ele gosta de cozinhar camarões, esculpir iscas de pesca à mão, jogar golfe e adora passar tempo com seus netos.

Design da capa por
Tim Saunders e Jim Chaousis, Adelaide, Austrália
Diagramação do livro por
Sandra K. Goff, Jackson, Mississippi
Layout: Karen Thompson, Austrália Ocidental
Tradução: Ellen Buttram, Kentucky, EUA

*Para Beth,*

*em cujos olhos sempre vi*

*a grande dança*

# Sumário

# Apresentação

Algumas igrejas estão despertando para a realidade de que há membros antigos—talvez até líderes—que nunca experimentaram Deus como alguém pessoalmente relevante. Para eles, Deus tem sido apenas um nome a ser reverenciado, e não um amigo a ser amado. *A Grande Dança* enfrenta essa questão de frente. Deus não é um "espantalho em um campo de melancias", nem se assemelha ao rabugento Scrooge, que parecia ter prazer em arruinar as festividades do Natal. Pelo contrário, como Baxter Kruger nos apresenta com sua alegria contagiante, Deus é "o Deus da grande dança". Dr. Kruger nos oferece uma visão da vida cristã que é poderosa, cativante, acolhedora, íntima e profundamente relevante para os anseios mais profundos do coração humano.

O que torna este livro tão inspirador e cheio de esperança para o leitor é a autenticidade da transformação espiritual do próprio autor. Ainda como estudante de teologia, ele foi confrontado de maneira pessoal com as implicações da Trindade—um Deus infinitamente relacional, profundamente pessoal e, em Jesus Cristo, também extraordinariamente humano. Nossa compreensão da doutrina da Trindade revela mais sobre nós mesmos do que sobre o que Deus realmente é em sua essência indescritível. Foi por isso que Immanuel Kant, filósofo do Iluminismo, considerou essa doutrina incompreensível e, pior, desnecessária para a vida da igreja. Com isso, ele deu início a uma tendência religiosa que ainda influencia nossa visão de Deus nos dias de hoje. Como se Deus estivesse acima de qualquer radar da vida humana, distante como uma divindade filosófica grega, completamente indiferente a mim e a você. É esse *eclipse da Trindade* que este livro rejeita de maneira tão contundente, pois é não apenas um passo em direção ao a-teísmo—não tanto a negação da existência de Deus, mas a perda de sua relevância na vida humana.

Se, então, o renascimento da teologia trinitária está nos despertando para a relevância de Deus na vida diária, também estamos sendo despertados para a necessidade de cultivar uma "inteligência emocional" sobre nós mesmos. Alegria e tristeza, riso e raiva, amizade e solidão são reais e fazem parte da nossa experiência cotidiana. No entanto, se quisermos aprofundar o autoconhecimento, fortalecer a confiança e a fé, dar mais "sentido" à vida e, assim, construir uma existência significativa, precisamos compreender a participação de Deus em tudo isso. Ao reconhecermos Deus em *todas* as nossas emoções, alegrias e dores, nossa identidade se fortalece e se torna segura *em Cristo*. Pois estamos unidos no círculo da vida, compartilhado eternamente pelo Pai, Filho e Espírito.

Dessa forma, Baxter Kruger nos reapresenta a "teologia" dentro do que ele chama de "a visão cristã revisitada." E, de fato, podemos questionar se a teologia pertence realmente à academia, como tradicionalmente se supõe, ou se, na verdade, é "um modo de vida" para o cristão. Assim, faz todo sentido usar uma linguagem acessível, ilustrações simples, histórias pessoais e narrativas envolventes para convidar o leitor a entrar e participar da *grande dança da vida,* expressa no Deus triúno da graça. No entanto, também há espaço para um estudo cuidadoso, leitura abrangente e, acima de tudo, uma experiência profunda da natureza relacional de Deus como Pai, Filho e Espírito Santo. Para aqueles que esperam por uma renovada "reforma relacional" do cristianismo, este livro é um prazer de ler, um desafio a ser vivido e um guia claro para atravessar o caos da condição humana. Ele reafirma a verdade da promessa de Cristo: "Eu vim para que tenham vida, e a tenham em abundância."

JAMES M. HOUSTON
Professor de Teologia Espiritual
Regent College, Vancouver

# Prefácio

Há duas coisas que eu sei desde que me lembro por gente. A primeira é que existe um rio invisível fluindo através deste fenômeno que chamamos de "vida". Um rio de glória e plenitude transbordante, de paixão e bondade, beleza e alegria. Com o passar dos anos, ao refletir sobre isso, passei a enxergar esse rio mais como uma dança—uma grande dança—que, de alguma forma, nos envolve e preenche nossas vidas e todas as coisas, mas que, ao mesmo tempo, é constantemente distorcida. A segunda coisa que sempre soube é que essa grande dança está relacionada a Deus. Mas, por mais que eu tentasse, eu simplesmente não conseguia entender como. Para mim, "Deus" era um ser supremo abstrato e austero, distante lá no céu ou, pior ainda, um legalista preocupado apenas com Suas regras. Assim, a grande pergunta da minha vida sempre foi sobre a relação entre Deus e a grande dança. Como eles se conectam? Qual é o vínculo entre Deus, a grande dança e a nossa humanidade? No fundo, essa é uma questão sobre a vida humana e o mistério de sua interseção com a vida de Deus.

Este livro é, de certa forma, um relato do que descobri e redescobri. Pois, ao longo da minha jornada, revisitei as verdades centrais do cristianismo— a Trindade e a encarnação—e reencontrei o rosto e o coração de Deus. A grande dança diz respeito à *vida* abundante—à comunhão e à unidade, ao amor, à paixão e à alegria—compartilhada pelo Pai, Filho e Espírito. A encarnação é o ato surpreendente desse Deus que estende a mão para nos convidar a participar dessa grande dança. Nossa humanidade é o palco onde essa dança se desenrola em nossas vidas, e a história humana é a experiência desafiadora através da qual somos ensinados sobre a verdade de nossa identidade.

Os quatro primeiros capítulos deste livro foram originalmente apresentados como palestras na 2ª Conferência Anual Perichoresis, realizada na Coromandel Valley Uniting Church, em Adelaide, Austrália. Acrescentei um quinto capítulo para completar o quadro. Sou profundamente grato a Jim e Linda

Chaousis, e a Bruce e Sarah Wauchope, por sua hospitalidade generosa em Adelaide, e pelas incontáveis horas de conversas ricas e inspiradoras que compartilhamos. Mas, mais do que isso, sou grato pelo brilho em seus olhos, pela sede em seus corações e pela vontade incessante de aprender e compartilhar. Grande parte deste livro deve muito a Jim e Bruce. Também quero expressar minha gratidão a Deane Metheringham, pastor da Igreja "Coro", por abrir espaço para que a *Perichoresis Down Under* realizasse suas conferências. Mas dizer apenas isso seria quase um insulto, pois Deane é um homem inflamado pela verdade e pelo desejo de comunicá-la. Ele abriu seu coração e sua igreja para nós com grande entusiasmo e impulsionou nossas conferências com sua paixão. Obrigado, Deane, por ser quem você é.

Nos últimos cinco anos, tenho sido diretor da Perichoresis, Inc., em Jackson, Mississippi. Nossa missão é desenvolver uma teologia cristã renovada, clara e aplicável à vida cotidiana— uma teologia que permaneça fiel às doutrinas fundamentais da Trindade e da Encarnação, e que, ao mesmo tempo, seja real, prática e acessível a qualquer pessoa. Quero expressar minha profunda admiração pelos homens e mulheres que fazem parte da comunhão do nosso ministério. Sem eles—sem sua comunhão, encorajamento e compromisso—este livro, assim como todos os outros, jamais teria sido escrito. Foi uma aflição gloriosa para todos nós. Obrigado pelo presente do tempo e pelo chamado para seguir em frente, que brotam dos seus corações.

Nenhum homem é uma ilha, e certamente ninguém tem pensamentos totalmente originais, pois todas as ideias—mesmo as de Deus—nascem na comunhão e devem sua existência ao diálogo com os outros. Este livro esteve em gestação por anos, e cada pensamento nele contido foi moldado ao longo das conversas ricas e profundas que compartilhei com David Upshaw. Devo mais a David do que posso expressar, e, junto com ele, a Cary Stockett, Mark Simpson, Dan Wills e Clay Alexander, que formam nosso grupo de discussões das quintas-feiras. Os insights, as risadas, a comunhão espontânea, o zelo pela verdade e, acima de tudo, a coragem desses homens para pensar me inspiraram e me desafiaram a dar o meu melhor.

É um presente especial ter uma editora que entende seu coração e ajuda a expressar exatamente o que você deseja dizer, fazendo isso com graça, estilo e clareza. Tudo o que há de bom neste livro—sua fluidez, simplicidade, ritmo e até mesmo sua poesia—deve-se ao cuidado de Patty Causey. Obrigado, Patty, pelo seu tempo e pelo seu coração, por se importar tanto e por sua paciência e correções gentis.

Se um homem, como disse Kipling, é aquele que mantém a cabeça erguida enquanto todos ao seu redor a perdem e o culpam por isso, então uma esposa é aquela cuja presença conforta nas grandes tempestades, o vento sob as asas do marido e a alegria do seu coração. A Beth, minha esposa há 18 anos, dedico este livro com profundo respeito e gratidão.

C. Baxter Kruger — Páscoa, 2000

# 1

# Rasgando o Véu:

## A Trindade e a Lógica do Universo

*"Toda a dança, ou drama, ou padrão dessa vida Trinitária deve ser vivido dentro de cada um de nós."* — C. S. Lewis[1]

Um dos grandes momentos do século passado aconteceu quando um jovem chamado C. S. Lewis estava ao lado de um arbusto florido de groselheira, na Irlanda.[2] Enquanto permanecia ali, Lewis nos conta que sua mente voltou alguns anos no tempo, até uma manhã em que seu irmão, Warren, lhe mostrou um pequeno jardim de brinquedo. O jardim de Warren não passava de uma lata de biscoitos cheia de folhas, gravetos e musgo, nada extraordinário. E esta memória, enquanto olhava para aquele arbusto, também não parecia nada especial. Mas, de alguma forma, naquele instante, algo extraordinário aconteceu. Uma sensação que ele nunca havia experimentado varreu seu coração. Foi um encontro profundo, arrebatador, que o deixou sem fôlego e cheio de anseio.

Através da lembrança de um momento comum da infância, Lewis sentiu algo maior do que a própria vida, algo grandioso e belo, além de tudo que conhecia. Ele não fazia ideia do que era, de onde vinha ou por que acontecia, mas sabia que era a melhor coisa que já havia sentido. E sabia que, seja lá o que fosse, queria beber dessa fonte até se saciar.

Em momentos-chave de sua juventude, Lewis viveu experiências semelhantes. Sempre intensas, mas passageiras. E sempre despertando um desejo inconsolável na essência do seu ser. Ele estava sendo atraído pelo que, mais tarde, chamou de

---

1 C. S. Lewis, *Mere Christianity – Cristianismo Puro e Simples* (New York: Collier Books, Macmillan Publishing Company, 1960) p. 153.
2 Veja sua autobiografia, *Surpised by Joy – Surpreendido Pela Alegria* (New York: Harcourt Brace & Company), p. 16.

"alegria". Essa alegria o assombrava, e, como Salomão, ele revirou cada folha do seu universo em busca dela. Com o passar dos anos, essa busca se tornou a única que realmente importava.

Em sua jornada, Lewis acabou tropeçando em Deus—e ficou chocado ao descobrir que a alegria e Deus estavam conectados. Ele diz que jamais havia sequer suspeitado que houvesse uma relação entre os dois.[3] Essa ideia nunca tinha passado por sua cabeça.

Para Lewis, "alegria" não pode ser simplesmente equiparada a "felicidade". A diferença entre as duas é semelhante à diferença entre um banquete de cinco pratos em um renomado restaurante francês e um simples pedaço de chocolate. Mas, dito isso, até mesmo o prazer de uma grande refeição não dura muito, e a "alegria" de que Lewis fala está tanto no deleite quanto na sua presença constante. E, talvez ainda mais importante, essa alegria diz respeito a um deleite e uma presença que preenchem nossa vida e todas as coisas ao nosso redor. O que Lewis buscava não era apenas um ou outro momento de bem-estar passageiro. Ele ansiava por um batismo total na beleza, na glória e no encanto — um batismo que transbordasse para cada canto e recanto de sua humanidade.

O que me fascina em Lewis é o seu *choque* ao descobrir que alegria e Deus estão conectados. Ele cresceu no Ocidente cristão, entre a Irlanda e a Inglaterra. Passou sua infância na igreja, pelo menos até ter idade suficiente para tomar suas próprias decisões. Como pode nunca ter lhe ocorrido que a "alegria" pudesse ter algo a ver com Deus? O que foi dito ao mundo ocidental sobre Deus para que um homem tão imerso nessa tradição cristã, tão inteligente e amplamente letrado, com a melhor educação que sua época podia oferecer, pudesse se surpreender ao descobrir que sua busca pela verdadeira *vida* encontrava resposta em Deus?

O Ocidente percorreu um longo caminho desde os tempos de Martinho Lutero e a grande Reforma. Lutero era um homem consumido pela culpa e pelo medo, desesperado por perdão — a ponto de rastejar de joelhos pelos degraus de uma igreja em sua busca por um Deus misericordioso. Lewis, por outro lado,

3 Veja *Surprised by Joy – Surpreendido Pela Alegria*, p. 230.

procurava *vida*, não perdão. As duas coisas estão relacionadas, claro, mas são distintas. E a diferença entre buscar perdão e buscar a plenitude da vida é a diferença entre os anos 1500 e 2000. Mas essa não é a única distinção. Lutero sabia que a resposta estava em Deus. Essa ideia sequer passou pela mente de Lewis!

O choque de Lewis ao descobrir que a *vida* que ele tanto buscava estava conectada com Deus nos diz muito—não apenas sobre Lewis ou sobre Deus em si, mas sobre a forma como Deus passou a ser percebido no mundo ocidental. Sua busca e sua surpresa nos permitem vislumbrar a alma coletiva do Ocidente. Pois Lewis não nos é um estranho. Sua jornada não nos é estranha. O mesmo anseio por alegria que o assombrava nos assombra. E o mesmo véu que o cegava nos cega.

A surpresa de Lewis nos revela que algo deu terrivelmente errado, que houve uma ruptura fundamental em nosso modo de pensar sobre Deus. Em algum momento da história, embaralhamos completamente a questão de Deus, e essa confusão nos deixou em uma situação muito estranha. Estamos em uma busca incansável por vida, por plenitude, por significado e alegria, movidos com a mesma intensidade que impulsionou Lutero e Lewis, mas estamos batendo nas portas erradas. Sem Deus, nunca encontraremos a resposta, e, portanto, nunca encontraremos a vida que tanto buscamos. Mas a maneira como Ele tem sido apresentado no mundo ocidental nos impede até mesmo de suspeitar que Deus possa ser a resposta para a paixão dos nossos corações.

A busca pela vida nos impulsiona, mas estamos condenados a nunca encontrar a resposta—e, por isso, condenados a viver com essa sensação incômoda de perda, com ansiedade, pressa e uma desesperança silenciosa; condenados a viver entediados com a própria existência. Pois, assim como o jovem Lewis, descartamos a ideia de *Deus* como se fosse algo irrelevante para nosso desejo de viver plenamente. Afinal, o que a "religião" tem a ver com a *vida?*

Este livro nasce da minha própria busca por vida, da minha jornada através da confusão até reencontrar o verdadeiro Deus, e, assim, de um profundo confronto com a questão: como fomos parar tão longe da verdade? Meu objetivo aqui não é debater.

Meu objetivo é rasgar o véu para que possamos enxergar a pura beleza de Deus e, à luz dessa beleza, ver o que Ele planejou para nós e realizou em Jesus Cristo. Tudo isso com a esperança de que possamos nos ver de uma forma surpreendente, que descubramos nossa verdadeira identidade—quem realmente somos—e, assim, compreendamos o que está acontecendo em nossas vidas e como podemos avançar rumo à verdadeira alegria.

## O Enigma da Minha Vida

Eu não tive uma revelação poderosa de "alegria" como Lewis teve. Pelo que me lembro, não houve encontros especiais ou momentos extraordinários de insight na minha infância. Para mim, havia simplesmente uma consciência constante e inegável de que algo vasto, profundo, antigo e belo está se movendo pelos cenários da vida humana.

Sempre foi evidente para mim que os seres humanos fazem parte de algo grandioso, que há um tipo de rio invisível correndo através de nossas vidas, que somos parte de uma grande dança. Não sei como cheguei a esse conhecimento. Ele simplesmente sempre esteve *lá*. Nunca me ocorreu questioná-lo. Fazer isso teria sido uma violação de algo mais real para mim do que minha própria existência.

Também era evidente que, seja lá o que fosse esse rio, essa grande dança, a paixão do meu coração era estar no centro dela. É difícil imaginar alguém no planeta que não queira a mesma coisa. De uma forma ou de outra, não estamos todos em busca da grande dança? Não é essa a história das nossas vidas, o nosso anseio mais profundo? Para mim, a grande paixão do coração humano é ser preenchido por essa dança, e o maior e mais intrigante enigma da vida humana é entender o que essa dança realmente é e como vivê-la.

A outra parte da equação da minha jornada é que cresci na igreja — e quando digo "na igreja", quero dizer isso literalmente. Se as portas da igreja estavam abertas, minha família estava lá; estávamos sempre lá — domingo de manhã, domingo à noite, grupo de jovens, culto de oração na quarta-feira. Até quando viajávamos de férias íamos à igreja. Acho que acabei acumulando algo como um pin de 13 anos de frequência perfeita na Escola Dominical. Para falar a verdade, eu realmente não me importava com toda essa rotina de igreja. A maioria dos jovens naturalmente acha a igreja entediante, mas para mim, embora o culto fosse, sem dúvida, estéril, as aulas da Escola Dominical eram estimulantes, especialmente as de Guy Magee, que sempre traziam muita história. E até os sermões, na maioria das vezes, eram envolventes.

Resumindo, a Igreja Presbiteriana da minha juventude me deu um presente definitivo e duradouro, pelo qual sempre serei grato: ela me ensinou que aquilo que eu buscava estava diretamente relacionado a Deus.

Esse fato está lindamente consagrado na primeira pergunta e resposta do Breve Catecismo: "Qual é o fim principal do homem? O fim principal do homem é glorificar a Deus e gozá-lo para sempre."[4] Assim, ao contrário de Lewis, eu sabia que aquilo que eu buscava estava relacionado a Deus. Eu sabia que o rio invisível que atravessa a vida, a grande dança, era uma realidade divina. Meu problema era que eu nunca conseguia conectar os pontos. Eu não conseguia enxergar como essas coisas estavam relacionadas.

Se, por um lado, a igreja me deu uma vantagem inicial, por outro, ela também criou um problema que complicou o enigma. O problema não era tanto a igreja em si, e certamente não eram as pessoas, mas sim a teologia que ela transmitia — especificamente, sua visão fundamental de Deus. Aqui está a definição de Deus apresentada no Catecismo Maior:

P. 7. O que é Deus?

R. Deus é um Espírito, em si e por si mesmo infinito em ser, glória, bem-aventurança e perfei-

---

4 Extraído do "Breve Catecismo" em *The Constitution of the Presbyterian Church (U.S.A.): Part 1: The Book of Confessions* (Louisville: The Office of the General Assembly, 1991), 7.001-010. Vale notar que George MacDonald amava essa primeira pergunta, mas considerava o restante do catecismo um desastre. Um de seus personagens, Alec Forbes, expressou isso da seguinte forma: "Por mim, eu gostaria que os engenheiros espirituais que o construíram [o breve catecismo], depois de colocarem a pedra fundamental mais grandiosa que a verdade poderia lhes oferecer, tivessem glorificado a Deus parando por aí. Certamente, muitos homens o teriam desfrutado mais cedo, se não fosse pelo trabalho deles." Citado por Michael R. Phillips em sua excelente biografia, *George MacDonald* (Minneapolis: Bethany House Publishers, 1987), p. 82.

ção; todo-suficiente, eterno, imutável, incompreensível, presente em toda parte, todo-poderoso; conhecedor de todas as coisas, sapientíssimo, santíssimo, justíssimo, misericordioso e gracioso, longânimo e abundante em bondade e verdade.[5]

Foi esse Deus, essa divindade severamente abstrata, que criou o dilema para mim. De um lado, eu sabia sobre o rio, a alegria, a grande dança. Do outro lado, eu sabia que tudo isso estava relacionado a Deus. Mas a pergunta desconcertante era: como? Como essa divindade abstrata, esse ser infinito, distante, austero e todo-poderoso poderia estar conectada à grande dança de alguma forma? Esse Deus certamente estava no controle de tudo, absolutamente tudo, até a última molécula. Mas esse Deus não tinha rosto, não tinha uma personalidade real, não tinha *vida*. Como "glorificar a Deus" poderia estar relacionado ao prazer em qualquer coisa? Esse era o enigma da minha juventude — e da minha vida.

Dois outros fatos tornaram esse enigma ainda mais profundo. O primeiro era a natureza do culto de domingo de manhã. Eu sempre presumi que o limiar da igreja possuía algum tipo de poder místico de transformação, pois todos que o atravessavam mudavam de forma decisiva. Nossas personalidades se alteravam. Lá fora, havia sorrisos, risadas, humanidade. Mas, uma vez que cruzávamos a porta, todos entrávamos no modo automático religioso. Isso era perceptível até mesmo para um menino. Aquele limiar era capaz de silenciar até os mais barulhentos entre nós e, de fato, acabar com a festa de qualquer um.

O segundo fator vinha dos religiosos mais fervorosos. Naturalmente, eu presumia que essas pessoas andavam mais próximas de Deus do que o resto de nós. Pelo menos era o que pareciam demonstrar. Pelo que eu podia perceber, eram boas pessoas, íntegras, mas tão interessantes quanto um poste. Sempre me pareceram um tanto nerds, meio deslocados, e profundamente envolvidos com a religião porque não conseguiam fazer outra

---

5 Extraído do "Catecismo Maior" em *The Constitution of the Presbyterian Church* (U.S.A.): *Part 1: The Book of Confessions* (Louisville: The Office of the General Assembly, 1991), 7.117.

coisa. E a influência do limiar da igreja era visível neles. Só a presença dessas pessoas já era suficiente para mudar o ambiente. Elas tinham o poder de cortar o riso e sufocar a melhor das festas. Fosse o que fosse que esses religiosos fervorosos tinham, para mim era evidente que não traziam muito daquele rio invisível dentro de si. Eles certamente conheciam bem a Bíblia e falavam muito sobre Deus, mas pareciam não saber quase nada sobre a grande dança da vida e como vivê-la.

O Deus da minha juventude era um ser supremo, todo-poderoso, mas sem rosto e sem personalidade. Semana após semana, o limiar da igreja confirmava essa visão: todos nós deixávamos nossas personalidades na porta antes de entrar para adorá-Lo. Os religiosos fervorosos reforçavam essa ideia de um Deus distante da vida comum, alheio a tudo que era verdadeiramente humano. Além disso, fortaleciam a suspeita de que, se Deus realmente estivesse atento ao que acontecia na Terra, seu foco era exclusivamente sobre regras, normas e sobre "acertar". O grande enigma para mim era entender como esse Deus poderia estar relacionado à grande dança da vida.

Assim como Lewis, eu não conseguia conectar Deus com alegria, Deus com beleza, Deus com a vida. Para mim, não fazia o menor sentido falar de "desfrutar" algo e, ao mesmo tempo, "glorificar a Deus". Mas, de algum modo, eu sabia que essa conexão existia, mesmo sem conseguir enxergá-la. Eu simplesmente não conseguia ligar os pontos. Tudo que me vinha à mente era: "Se você entrega sua vida a esse 'negócio de Deus', acaba perdendo a glória e a dança por completo." Do jeito que eu via, a alegria de viver, a paixão e a aventura da existência, tudo que tornava a vida boa e vibrante estava de um lado – e Deus estava do outro. Era uma escolha: ou Deus, ou a vida; ou Deus, ou a alegria; ou Deus, ou a dança. Juntar esses dois mundos simplesmente não fazia sentido para mim. Eram polos opostos.

Dentro de mim havia uma enorme tensão. Eu não estava disposto a desistir de encontrar a grande dança da vida. Era algo precioso demais, bom demais, real demais. Mas, ao mesmo tempo, também não conseguia abandonar a ideia de que essa dança estava, de algum jeito, ligada a Deus.

A ideia de ser teólogo me aterrorizava. Eu não queria passar a vida lendo manuais religiosos chatos, distante do beisebol, do riso e dos churrascos com os amigos. A única coisa pior seria ser pregador. Mas, no fundo, eu sabia que a resposta estava em Deus. Então fui para o seminário, acreditando que finalmente conseguiria esclarecer tudo. Não fui porque me sentia chamado para pregar – eu queria distância disso, e até hoje resisto a essa ideia. Fui porque havia um nó no meu peito e eu precisava encontrar uma solução.

No seminário, encontrei algumas peças importantes do quebra-cabeça, mas não a resposta completa. A conexão ainda me escapava. Ainda parecia que, se você escolhesse o "caminho de Deus", teria que abrir mão da vida, do rio e da grande dança.

A próxima coisa que percebi foi que minha esposa e eu estávamos na Escócia, morrendo de frio, enquanto eu estudava teologia sob a orientação do professor James Torrance no King's College, em Aberdeen. Havia mais luz em suas aulas do que eu poderia imaginar. Em todas as suas palestras, ele sempre voltava à relação entre o Pai e o Filho. "O coração do Novo Testamento", dizia ele, "é o relacionamento entre o Pai e o Filho."[6] Repetia essa ideia inúmeras vezes, aprofundando-a e nos ajudando a enxergar que tudo flui a partir dessa relação central. Esse mesmo foco estava presente nos escritos impactantes do professor T. F. Torrance, irmão mais velho de James, que eu estudava diariamente.

## Ligando os pontos

Sob a influência dos irmãos Torrance e dos escritos de Atanásio e outros teólogos, minha visão fundamental sobre Deus começou a mudar. Estava passando do abstrato para o concreto, do austero para o pessoal. E, no meio dessa transição intelectual, algo muito poderoso aconteceu, trazendo a verdade sobre Deus para o meu coração de forma definitiva.

Aconteceu no dia 16 de agosto de 1987, às 13h07, em um domingo à tarde, no Aberdeen Maternity Hospital, na Escócia. Foi o maior momento da minha vida até então: o nascimento do

---

6 Veja James B. Torrance, *Worship, Community and the Triune God of Grace – Adoração, Comunidade e o Deus Triúno da Graça* (Downers Grove: IVP, 1996).

nosso primogênito, um filho, James Edward Baxter Kruger. O parto foi longo, muito longo (pelo menos 30 horas), mas, enfim, Beth e eu segurávamos nosso bebê nos braços, chorando juntos de alegria. Eu nunca havia vivido nada parecido.

As enfermeiras finalmente me arrancaram dali e me mandaram embora para que Beth pudesse descansar. Peguei o carro e dirigi de Aberdeen até Banchory pelo caminho mais longo, passando pelas colinas escocesas.

Lembro-me de notar que aquele era um dia excepcionalmente lindo – sem uma única nuvem no céu, sem chuva, sem escuridão, nada além de sol radiante, e quase quente. Lembro-me de passar por uma rotatória, olhar para as colinas banhadas de luz e, por um instante, toda a terra parou e celebrou comigo. As montanhas cantaram. Era algo bíblico – as árvores batiam palmas de alegria. Pela primeira vez, vi a beleza de tudo, a glória, a alegria e a grande dança da *vida* como nunca havia visto antes. Eu não apenas vi – eu experimentei, eu senti, fui mergulhado nela.

E foi ali, naquele momento, que de repente percebi o problema da minha vida. Durante todo esse tempo, eu estava pensando em Deus da maneira errada. Durante todo esse tempo, eu julguei mal a própria essência de Deus. Eu havia sido um tolo cego. Deus não é uma abstração sem rosto, um ser todo-poderoso distante. Deus é Pai, Filho e Espírito, existindo em uma comunhão apaixonada e cheia de alegria. A Trindade não é um grupo de três religiosos altamente comprometidos sentados numa sala celestial. A Trindade é um círculo de *vida* compartilhada – e essa vida não é vazia, mas plena; não é solitária e triste, mas abundante, rica e bela. O rio começa exatamente ali, na comunhão da Trindade. A grande dança é a própria *vida* transbordante compartilhada entre Pai, Filho e Espírito.

Num instante, todos os pontos se conectaram para mim. A lógica do universo se encaixou – a lógica da criação e da vinda de Jesus, a lógica da sua vida e da minha, de bebês e beisebol, de trabalho e pesca, de romance e sexo, de marcenaria e de administrar uma loja, de risadas e amizade, da história humana, da *vida*. Tudo fez sentido. E entendi que tudo começa na Trindade e na grande dança da vida compartilhada entre Pai, Filho e Espírito.

Esse é o ritmo, a razão e o mistério de tudo.

A visão foi tão avassaladora que quase perdi o controle do carro e precisei encostar no acostamento. Tentei escrever tudo, mas era grande demais. Era belo demais, rico demais. Era simples demais e, ao mesmo tempo, grandioso demais. Mas, daquele momento em diante, tornei-me um verdadeiro teólogo – um teólogo cristão, um teólogo trinitário, determinado a compreender e revelar aquilo que vi e que sabia ser o coração de todas as coisas.

Tudo se resume a três coisas: Primeiro, existe a Trindade e a grande dança da vida, da glória e da alegria compartilhada entre o Pai, Filho e Espírito. Segundo, existe a encarnação como o ato do Pai, Filho e Espírito estendendo essa dança para nós, nos incluindo nesse círculo divino. Terceiro, existe a nossa humanidade, que é o palco onde essa grande dança se desenrola pelo Espírito. *Isso* é o que significa ser mãe e pai. Isso é o que está por trás da pesca, do beisebol, das brincadeiras, das risadas e do romance, dos churrascos e do trabalho. São essas coisas que manifestam, em nós, a beleza do Pai, Filho e Espírito, a grande dança do Deus Triúno, Sua glória, Sua comunhão e Sua vida.

## A Lógica de Deus

Deus não é aquela abstração divina, aquele ser austero, sem rosto e sem nome, uma entidade onipotente e distante do Catecismo. Ele não é um soberano isolado, um rei egocêntrico que exige que tudo gire em torno dele e seja feito para a Sua glória. Deus não é um legalista, um contador divino que nos vigia como uma águia para ver se seguimos Suas regras. Tampouco é um velho rabugento, um estraga-prazeres cósmico que fica sentado no céu inventando maneiras de reprimir tudo o que é bom. Mas, ao mesmo tempo, Deus também não é um Papai Noel bobo que distribui presentes sem se importar se podemos realmente recebê-los e aproveitá-los. A verdade é que Deus é um círculo de paixão, vida e comunhão.

A Trindade é a doutrina mais bela da fé cristã. Mas, tragicamente, tem sido negligenciada e esquecida. E, quando é mencionada, muitas vezes a conversa é dominada por aqueles que se perdem em tecnicalidades filosóficas e acabam deixando de lado o ponto principal e maravilhoso de tudo isso.

O que a doutrina da Trindade nos ensina é que Deus é, antes de tudo, um ser relacional. Quando recitamos o Credo Niceno ou o Credo dos Apóstolos e afirmamos que Jesus Cristo é o eterno Filho de Deus, estamos dizendo que nunca houve um momento na eternidade em que Deus esteve sozinho. Estamos dizendo que Deus sempre foi Pai, Filho e Espírito. Estamos afirmando que nunca houve um tempo em que o Pai não fosse Pai, em que o Filho e o Espírito não estivessem lá, como se Deus fosse apenas uma divindade abstrata e solitária. Deus sempre existiu em relacionamento.

Comunhão, companheirismo, proximidade e união sempre estiveram no centro do ser de Deus – e sempre estarão. É fundamental que enxerguemos isso. E tão fundamental quanto é perceber que essa vida compartilhada entre o Pai, Filho e Espírito não é uma vida de tristeza, solidão e vazio. Não se trata de isolamento ou de egocentrismo. Trata-se de comunhão. E comunhão significa que Deus não é um ser solitário, triste e deprimido. Como Pai, Filho e Espírito, vivendo em perfeita unidade, Deus é essencialmente e eternamente feliz. O Pai, o Filho e o Espírito vivem em uma conversa constante, em um relacionamento de proximidade e partilha, de alegria e deleite mútuo – uma grande dança de vida compartilhada, plena e abundante, apaixonante, criativa, boa e bela.

## A Lógica da Criação

Agora, por que esse Deus – esse Pai, Filho e Espírito – cria o universo? Por que esse Pai, Filho e Espírito cria os seres humanos, você, eu, nossos filhos? Por que esse Pai, Filho e Espírito cria os animais, as aves, os peixes, as flores e os milhões de coisas belas ao nosso redor? Por que esse Deus cria o trabalho e a diversão, os relacionamentos, o romance e o sexo, os esportes, o riso e a comida? Qual é a lógica por trás de tudo isso?

Quando começamos com a Trindade, a resposta se torna a coisa mais óbvia do mundo. Esse Pai, Filho e Espírito criam para compartilhar o que têm conosco. O objetivo da Trindade é a inclusão. O propósito do Pai, do Filho e do Espírito na criação é nos atrair para dentro do círculo da vida compartilhada entre eles, para que possamos experimentá-la também.

A Igreja primitiva compreendia isso, e essa compreensão se reflete na primeira frase do Credo Niceno: "Cremos em um só Deus, Pai todo-poderoso, Criador do céu e da terra." O Credo não diz apenas: "Cremos em um só *Deus*, Criador do céu e da terra." Ele afirma "Deus, *Pai* todo-poderoso, Criador do céu e da terra." Essa escolha foi muito deliberada por parte dos autores. Eles estavam situando a criação no contexto da paternidade de Deus – e isso significa colocá-la no contexto do relacionamento entre o Pai, o Filho e o Espírito. Ao fazer isso, estavam direcionando o pensamento da Igreja. Estavam dizendo que, se quisermos entender quem somos e por que estamos aqui, devemos começar não com uma divindade abstrata, mas com o relacionamento do Pai, do Filho e do Espírito. É esse relacionamento que contém o segredo do "porquê" da criação – do "porquê" da sua vida e da minha, do "porquê" dos bebês, do beisebol e de tudo o que é humano. A grande dança da vida compartilhada entre o Pai, o Filho e o Espírito é o ventre da criação.

Quando começamos com a Trindade, o propósito de Deus na criação começa a emergir. A própria natureza da existência de Deus como Pai, Filho e Espírito é comunhão e vida compartilhada. Cada pensamento desse Deus – cada ideia, cada sonho, cada ato – nasce dessa comunhão e carrega sua marca. A ideia da criação não surge de um vazio de tédio divino, solidão ou tristeza. A ideia da criação flui da gloriosa vida compartilhada entre o Pai, o Filho e o Espírito. Se esse Deus vai criar algo, então é bastante "natural", por assim dizer, que Ele o faça com o propósito de compartilhar vida. E esse é exatamente o ponto: o Pai, o Filho e o Espírito criaram a raça humana para que o que eles têm juntos pudesse ser compartilhado conosco, para que sua grande dança da vida pudesse ser estendida a nós e vivida em nossas próprias vidas.

Não é por acaso que, ao lidar com o propósito eterno de Deus para a humanidade, o apóstolo Paulo escolheu a palavra "adoção" para descrevê-lo.[7] O conceito básico da adoção é a inclusão. Significa que alguém que antes era estrangeiro, que estava

7 veja Efésios 1:3-5.

fora do círculo familiar, é trazido, por graça e amor, para dentro da família. E o propósito desse ato de adoção é que o de fora possa compartilhar da vida da família. Todo o ato inimaginável da criação é impulsionado pelo desejo de Deus de compartilhar a grande dança conosco.

Devido ao meu encontro com pessoas extremamente religiosas, sempre fiz questão de não sobrecarregar meus filhos com instruções religiosas. Mas há uma pergunta que faço a eles com frequência: "O que Jesus faz com a alegria que compartilha com o Pai e o Espírito?" E não há nada que me traga mais alegria do que ouvir minha filha mais nova, Kathryn, responder: "Ele coloca no nosso coração," ela diz, "para que possamos compartilhá-la."

Esta é a lógica da criação. Primeiro, existe a Trindade e a vida trinitária — a comunhão, a alegria e a glória compartilhadas entre o Pai, o Filho e o Espírito, a grande dança. Depois, esse Deus fala e, por Sua palavra, o universo, a terra, a humanidade e todas as coisas vêm à existência. E o propósito gracioso e surpreendente dessa criação é nos incluir nessa dança. O Pai, o Filho e o Espírito nos criaram para que pudéssemos participar de Sua própria vida — para que pudéssemos compartilhar de Seu conhecimento, de Sua risada e comunhão, de Seus pensamentos, criatividade e música, de Sua alegria, intimidade e bondade — para que tudo isso se refletisse em nós e se tornasse parte da nossa vida cotidiana.

## A Lógica da Vinda de Cristo: A Encarnação

Se esse sonho da Trindade — de nos incluir na dança da vida — vai se tornar realidade, duas coisas precisam acontecer. A primeira é a própria criação, pois, se não existimos, não podemos compartilhar da vida trinitária. A segunda é a encarnação, pois pelo menos um dos três precisa entrar na criação e se tornar o que nós somos, para que essa vida divina alcance o nosso nível e nos envolva. A vida trinitária precisa ser aterrada, por assim dizer, precisa se tornar humana. Esse é o verdadeiro propósito da encarnação. Foi para isso que o Filho de Deus se tornou um de nós. Como disse Santo Ireneu, nosso bendito Senhor Jesus Cristo "se fez o que nós somos para nos tornar o que Ele é em

Si mesmo."[8]

O Filho amado deu um passo para fora da eternidade e entrou na história para ser o ponto de encontro, o elo de união entre a Trindade e a humanidade. O Filho se fez humano para ser o lugar onde a vida da Trindade se cruza com a existência humana e flui para dentro dela, e onde a existência humana é elevada à comunhão com a Trindade — agora e para sempre. Jesus veio para ser o mediador, Aquele em quem o divino e o humano se encontram e compartilham vida.

Foi isso que Ele realizou em Sua vida encarnada, em Sua morte, ressurreição e ascensão. Ele forjou uma conexão entre a Trindade e nós (você e eu) e o restante da raça humana. Ele trouxe uma união entre a existência divina e a existência humana. Ele abriu a grande dança e nos atraiu para dentro dela.

A morte de Cristo só pode ser corretamente compreendida dentro desse propósito abrangente da Trindade de nos incluir no círculo de Sua vida. Se perdemos essa visão maior, a lógica da morte de Cristo se torna confusa, e um falso medo de Deus se instala na alma de milhões de pessoas. A lógica da encarnação e da morte de Jesus está na paixão determinada da Trindade de compartilhar Sua vida, Sua glória e Sua grande dança conosco — e não apenas conosco, mas com toda a criação. Pois o sonho é que toda a terra esteja viva com a glória de Deus, cheia da grande dança do Pai, do Filho e do Espírito.

## A Lógica dos Bebês, do Beisebol e de Todas as Coisas Humanas

Vivemos do outro lado da encarnação. O Filho de Deus já

---

8  Santo Irineu, *Contra as Heresias*, livro V, prefácio, em *The Ante-Nicene Fathers*, vol. 1: *The Apostolic Fathers with Justin Martyr and Irenaeus*, editado por Alexander Roberts e James Donaldson (Grand Rapids: Wm. B. Eerdmans Pub. Co., reimpressão de 1987). Veja também a famosa declaração de Santo Atanásio: "Pois Ele se fez homem para que pudéssemos ser feitos Deus", em *Sobre a Encarnação do Verbo* (*St. Athanasius: Select Works and Letters*, vol. IV de *The Nicene and Post Nicene Fathers of the Christian Church*, segunda série, editado por Philip Schaff e Henry Wace [Grand Rapids: Eerdmans Publishing Company, reimpressão de 1987]), 54.3. Observe também seu comentário: "Pois esse foi precisamente o propósito e o fim da Encarnação de nosso Senhor: unir aquilo que é humano por natureza àquele que é Deus por natureza, para que o homem pudesse desfrutar de Sua salvação e de Sua união com Deus, sem qualquer temor de que isso falhasse ou diminuísse", em *As Orações de Santo Atanásio contra os Arianos* (Londres: Griffith, Farran, Okeden & Welsh), II.70.

saiu da eternidade para entrar na história. Ele já se tornou um ser humano, viveu, morreu, ressuscitou e ascendeu ao Pai. Olhamos para esse evento como algo já realizado. Por isso, a grande pergunta para nós é: o propósito da Trindade se cumpriu em Jesus Cristo?

Ele realizou essa união, essa conexão entre a vida divina e a nossa vida? Ele nos atraiu para dentro do círculo da dança trinitária? Essa é a questão decisiva do novo milênio. Jesus Cristo uniu a Trindade à raça humana ou não? A maneira como respondemos a essa pergunta define tudo o que será dito depois.

A resposta do próprio Jesus é o Seu brado na cruz: *"Está consumado."*[9] O fato de estar consumado só pode significar que a raça humana recebeu um presente assombroso. A obra consumada de Jesus significa que a abundante filantropia do Deus Triúno já nos alcançou e já envolveu nossa existência humana. Jesus já nos uniu à vida trinitária de Deus. Isso significa que nossa inclusão na grande dança compartilhada pelo Pai, pelo Filho e pelo Espírito não é um objetivo a ser alcançado, um sonho que talvez realizemos um dia quando finalmente acertarmos nossa religião. Significa que há muito mais acontecendo em nossas vidas agora do que jamais imaginamos. Na verdade, não há nada de comum sobre nós ou sobre nossas vidas.

Jesus Cristo foi enviado para nos encontrar e nos trazer para casa. E Ele fez exatamente isso. Ele nos atraiu para dentro do círculo. A partir deste ponto, precisamos aprender a pensar sobre quem já somos, e não sobre o que podemos nos tornar um dia. Aqui, em Jesus Cristo, precisamos reconsiderar tudo o que pensávamos saber sobre nós mesmos e sobre os outros, pois Ele já realizou essa obra. Ele já nos deu um lugar na grande dança. Isso não é algo que *nós* tornamos verdadeiro. Isso *já é* a verdade.

Jesus é a luz do mundo. Ele é o segredo, a chave que destranca o mistério dos bebês e do beisebol, da pesca e dos churrascos, do romance e do amor. Ele é a luz que ilumina os mistérios da nossa humanidade, desde cozinhar o jantar e administrar uma loja de ferragens ou pintar casas, até a amizade, a risada e a música. Tudo isso é a maneira como a dança da Trindade está sendo vivida em nós.

9  Veja João 19:30 e 17:4.

Quando você vê a Trindade e a encarnação pelo que realmente são, você está prestes a enxergar a si mesmo e sua vida sob uma nova luz, a verdadeira luz. Você está prestes a perceber que não há nada de comum em você ou em sua vida. Você e sua vida são a expressão viva da glória, da alegria, da beleza e do amor — a grande dança — do Pai, do Filho e do Espírito.

## Uma Palavra Sobre Por Que Não Conseguimos Enxergar Isso

Tentar entender como perdemos essa visão magnífica e acabamos onde estamos hoje — com um cristianismo tão monótono e irrelevante — é um outro assunto. É tão complicado quanto tentar resolver uma discussão de família, e envolve toda a história do mundo ocidental: o desenvolvimento da teologia cristã, da filosofia e da ciência, o sistema feudal medieval, a Reforma, o Iluminismo, e inúmeras influências culturais e eventos históricos. A maioria de nós já tem dificuldade em entender nossos próprios cônjuges, quanto mais toda a história do Ocidente.

Mas, em outro nível, a resposta não é tão complicada. O que aconteceu conosco, o que aconteceu com a Igreja, foi que perdemos o significado de Jesus. No fluxo e refluxo da história ocidental, a encarnação foi ofuscada, e Jesus foi diminuído, reduzido, cada vez menor — até que o Jesus que temos hoje no mundo ocidental se tornou irrelevante. Esse "Jesus reduzido" pode até nos levar a um lugar vago chamado céu quando morremos, mas permanece estranhamente silencioso sobre o significado da vida humana aqui e agora. O "Jesus moderno" não diz muito sobre o que significa ser mãe ou pai, sobre bebês e beisebol, sobre churrascos e risadas, sobre romance e criatividade, sobre administrar uma loja ou ser zelador, sobre pesca e jardinagem, música e arte. O "Jesus moderno" pode perdoar seus pecados, livrá-lo do inferno e garantir sua entrada no céu, mas Ele não tem muito a dizer sobre o mistério da sua vida hoje, sobre sua humanidade, seus amores e paixões, suas alegrias e dores, seus anseios e lágrimas.

Outro dia, um carpinteiro estava trabalhando na minha casa. Ele era cristão, e eu perguntei se ele já havia pensado em como Jesus Cristo se relacionava com sua carpintaria. Ele respondeu:

"Não, nunca pensei muito nisso. Acho que Jesus me faz um carpinteiro honesto." No momento em que ele disse isso, pensei comigo mesmo: É só isso? É isso que temos a dizer para os carpinteiros do mundo? Para os engenheiros, os designers, os artistas? Para os médicos, enfermeiros e professores? Para os cozinheiros, pescadores e zeladores? "Jesus te faz honesto"? Ele pode salvar você, garantir seu lugar no céu quando morrer e, enquanto isso, torná-lo uma pessoa honesta? É isso? A influência de Jesus Cristo sobre a humanidade e sobre aquilo que fazemos todos os dias se resume a uma mera moralidade?

O eclipse da encarnação significou o rebaixamento de Jesus Cristo. Ele foi reduzido a pouco mais do que um espectador distante, observando a humanidade de longe. E esse "Jesus espectador" deixou as pessoas pensando sobre si mesmas como "apenas humanas" e vendo suas vidas como "comuns". A carpintaria, então, se torna apenas uma atividade humana qualquer, mais uma ocupação sem Cristo. O lugar de Jesus Cristo na vida cotidiana foi reduzido a ensinar carpinteiros a serem honestos.

Compreender essa redução de Jesus Cristo é onde a complicação começa. Posso dizer que a doutrina calvinista da dupla predestinação teve muito a ver com isso. E também o surgimento do deísmo, a visão mecanicista do mundo de Isaac Newton, os dualismos de Descartes entre corpo e alma, mente e realidade, o avanço do racionalismo e o orgulho do Iluminismo.[10] Cada uma dessas coisas, à sua maneira, contribuiu para o eclipse da encarnação, para o rebaixamento de Jesus, para a redução de Cristo a um mero espectador do universo.

Mas há um fator ainda mais profundo. E esse fator foi uma mudança na nossa compreensão do que é mais fundamental sobre Deus. A Igreja primitiva via a Trindade como o fundamento essencial da natureza de Deus. Mas, no desenvolvimento da teologia ocidental, a santidade de Deus foi colocada no lugar

---

10 Para um estudo mais aprofundado sobre esse problema, veja William C. Placher, *The Domestication of Transcendence / A Domesticação da Transcendência* (Louisville: Westminster John Knox Press, 1996) e o fascinante, porém denso, livro de Michael J. Buckley, *At the Origins of Modern Atheism* (New Haven: Yale University Press, 1987).

da Trindade como a verdade mais fundamental sobre Ele.[11] Na realidade, foi uma visão distorcida da santidade de Deus que foi colocada no centro. Pois a verdadeira santidade de Deus é simplesmente bela. Se reuníssemos toda a alegria, plenitude e amor do Pai, do Filho e do Espírito — seu deleite mútuo, sua paixão, sua unidade e harmonia, sua intimidade e plenitude — e condensássemos tudo isso em uma única palavra, essa palavra seria "santidade". A santidade de Deus é um termo especial que usamos para descrever a maravilha e a beleza, a singularidade e a plenitude da vida trinitária. Mas, na tradição ocidental, a santidade de Deus foi desconectada da Trindade e reinterpretada dentro de uma lógica de lei e ordem, crime e castigo, justiça cega e fria. Dentro dessa visão rígida e impessoal, "santidade" passou a significar "perfeição legal" ou "retidão moral". E esse conceito de santidade foi então levado de volta para dentro da doutrina de Deus, sendo colocado como a essência mais profunda do Seu ser — como a força motriz da existência divina.

Quando isso aconteceu, toda a lógica do universo mudou – e, com ela, a lógica da criação, a lógica da encarnação e da morte de Cristo, a lógica da existência humana e a lógica do Espírito Santo. Tudo foi distorcido, deturpado, terrivelmente confundido.

O evangelho no modelo ocidental começa com a afirmação de que Deus é santo (santo no sentido legal). A humanidade caiu em pecado e, por isso, está sujeita à punição. Nesse contexto, Jesus Cristo vem para satisfazer a santidade e a justiça de Deus. Na cruz, a culpa da humanidade é colocada sobre Jesus, e o castigo de Deus pelo pecado é derramado sobre Ele. A justiça de Deus é satisfeita, e nós somos perdoados – legalmente limpos.

Nessa apresentação típica do evangelho ocidental, vários aspectos fundamentais foram desastrosamente comprometidos. Primeiro, a visão geral foi perdida. A grande dança da Trindade, essa visão extraordinária do Pai, do Filho e do Espírito Santo estendendo-se para compartilhar sua vida e glória conosco, foi

---

11 Vale notar que, na definição de Deus citada anteriormente do Breve Catecismo, a Trindade sequer é mencionada. Na pergunta seguinte, o catecismo introduz a Trindade, como se estivesse corrigindo a si mesmo, mas isso levanta uma questão óbvia: por que a Trindade foi completamente omitida da primeira e mais fundamental definição de Deus?

substituída por um Deus legalista, profundamente irritado com a falha e o pecado humanos. E agora, temos Jesus vindo para nos resgatar. Isso carrega consigo a ideia devastadora – ainda que implícita – de que Jesus veio nos salvar de Deus. De repente, a morte de Cristo não está voltada para a corrupção e o afastamento humano, mas sim direcionada a Deus. O próprio Jesus agora precisa "fazer algo" para Deus, para satisfazer suas exigências legais implacáveis, para, de certa forma, mudar Deus, a fim de que possamos ser perdoados.

Em segundo lugar, a cruz tomou o lugar de Jesus como o ponto de maior significado eterno. Na visão que eu estava descrevendo antes, Jesus é o ponto onde o divino e o humano se encontram. Ele se tornou humano para nos conectar, para nos unir à sua vida divina. Para toda a eternidade, será assim: compartilharemos da grande dança através de Jesus. Para sempre, *Ele* será o ponto de encontro, a união entre a vida da Trindade e nós. Mas agora, houve uma mudança. O foco passou a ser unicamente a cruz. No modelo ocidental, o que realmente importa é que Jesus sofreu a punição legal que deveria cair sobre nós. Depois que o sofrimento acaba, Jesus já não tem mais valor prático. Seu trabalho está feito. Ele já não é necessário no arranjo legal entre Deus e a humanidade. Tendo resolvido o problema judicial entre ambos, Ele praticamente se retira e nos deixa seguir com a vida. No máximo, Ele continua sendo um exemplo religioso brilhante para seguirmos ou aquele que, de tempos em tempos, sacode um ramo de hissopo no céu para lembrar Deus de seu sacrifício. Essa mudança – da centralidade de Jesus para a centralidade da cruz – é o grande pecado da Igreja Ocidental e a maior de todas as tragédias.

Em terceiro lugar, a justificação foi supervalorizada a ponto de substituir a adoção como o cerne da mensagem cristã. O evangelho, nesse modelo, gira em torno do perdão. É claro que o perdão faz parte da mensagem – graças a Deus, porque todos nós precisamos dele. Mas ele não é a história toda. Nem mesmo é a parte principal da história. O perdão serve a um propósito maior – e esse propósito maior é a nossa inclusão na vida da Trindade. Foi para isso que Deus enviou Jesus. Mas, no modelo ocidental, esse propósito maior praticamente desapareceu. A justificação tomou conta de tudo, e a adoção foi deixada de lado. Quase não ouvimos falar dela. Ouvimos muito sobre o perdão, mas muito pouco sobre a realidade avassaladora de que fomos incluídos no relacionamento de Jesus com seu Pai, no Espírito.

Em quarto lugar, essa ênfase excessiva na justificação e o silêncio quase total sobre nossa adoção nos deixam no escuro quanto à nossa verdadeira identidade – e quanto ao próprio segredo da nossa existência. No modelo ocidental, Jesus veio apenas para resolver um problema jurídico. O foco está no seu sofrimento na cruz. Quando falam de Cristo como Mediador, o que querem dizer é que Ele está entre um Deus irado e um povo pecador, arrumando o problema legal. Perde-se completamente a visão de que Ele é o ponto de união entre a vida divina e a vida humana. Perde-se a visão de que Ele é a conexão entre a Trindade e a existência humana, e de que Ele nos transmite a vida Triúna de Deus.

No modelo ocidental, depois que o pecado é resolvido, Jesus volta para o céu e se torna um espectador distante, assistindo de longe. A união, a conexão que Ele forjou entre a Trindade e os seres humanos, é obscurecida. E o desaparecimento dessa conexão nos deixa sem outra alternativa além de nos enxergarmos como "meramente humanos". Por padrão, pelo que nunca é dito nem mostrado, somos levados a acreditar que nossa existência humana é simplesmente isso: humana, secular. Não há Trindade nela. Não há vida divina. Não há dança divina. É só humano. Nossa vida e tudo o que envolve nossa existência cai sob a categoria de "ordinário". Nossa paternidade e maternidade, nosso amor e afeto, nosso trabalho, nossa carpintaria, nossas brincadeiras e jardinagem, nosso futebol e churrascos e risadas, nossas amizades e alegrias, nossa criatividade e romance – tudo isso é colocado para fora da vida Triúna de Deus. Tudo é reduzido a algo "meramente humano". E nós sequer suspeitamos da verdade.

No fim das contas, estamos completamente alheios à realidade impressionante que tomou conta da existência humana em Jesus Cristo. Um grande véu cobre nossos olhos e não conseguimos ver. Não temos ideia de quem somos. No escuro quanto à nossa verdadeira identidade – e, portanto, ao sentido da nossa existência – fomos lançados em uma busca desesperada por um novo sentido. E é exatamente aí que nos encontramos hoje: vinte séculos depois do início da era cristã, uma profunda crise de identidade cresceu dentro da nossa alma coletiva, e isso está nos enlouquecendo. Somos, como Chaucer certa vez descreveu, como um bêbado que sabe que tem uma casa, mas não consegue encontrar o caminho de volta.[12] A ironia das ironias é que o mundo ocidental clama por significado espiritual, e a Igreja não tem nada a oferecer. Seu Jesus é pequeno demais.

A verdade é que este mundo pertence à Santa Trindade e está impregnado com a grande dança da vida compartilhada entre o Pai, o Filho e o Espírito. Você e sua vida foram tomados pela abundante bondade do Deus Triúno. Você foi incluído na grande dança. Essa é a sua identidade, quem você é e do que sua vida se trata. É isso que sua maternidade e paternidade significam. É isso que sua jardinagem e seus churrascos, sua carpintaria, seu trabalho, seu amor e suas amizades significam. São expressões da grande dança da Trindade sendo vivida em você.

---

12  Veja Geoffrey Chaucer, "O Conto do Cavaleiro", em *Os Contos de Cantuária* (Nova York: Washington Square Press, 21ª edição, 1975), p. 25.

# 2

# A Dança Expandida:

## Por Que Jesus Veio e O Que Ele Realizou

*O principal propósito da encarnação... é nos elevar a uma vida de comunhão, de participação na própria vida trinitária de Deus.*
— James B. Torrance[13]

*Pois esse foi precisamente o propósito e o fim da Encarnação de nosso Senhor: que Ele unisse o que é humano por natureza com Aquele que é Deus por natureza.* — Santo Atanásio[14]

João começa seu evangelho esclarecendo os versos iniciais da Bíblia. Gênesis 1:1 diz: "No princípio, Deus criou os céus e a terra". Para João, isso é certamente verdade, mas não é totalmente suficiente. João percebe com mais clareza do que qualquer outro escritor bíblico que o Deus que criou no princípio não era simplesmente "Deus", um ser abstrato, austero e sem rosto, mas o Pai, o Filho e o Espírito. E João vê que tanto a criação quanto a vinda de Jesus Cristo fluem diretamente da vida trinitária. A razão da criação, o objetivo e o propósito da existência do mundo, da sua e da minha, estão na grande dança da vida compartilhada pelo Pai, Filho e Espírito. O propósito desse Deus ao criar o mundo é expandir essa grande dança para outros. Essa é a lógica do universo — o eterno Verbo de Deus.

Para que esse sonho do Pai, do Filho e do Espírito se concretize e permaneça, é necessário que pelo menos um dos membros da Trindade entre em nosso mundo e se torne o que somos. Pois só assim a vida trinitária pode realmente *nos* alcançar. Qualquer coisa menos do que isso nos deixaria com algo parecido com um balão

---

13 James B. Torrance, *Adoração, Comunidade e o Deus Triúno da Graça* (Downers Grove: IVP, 1996), p. 21.
14 Santo Atanásio, *Contra os Arianos, em Santo Atanásio: Obras Selecionadas e Cartas,* Vol. IV de *Os Pais Nicenos e Pós-Nicenos da Igreja Cristã,* segunda série, editado por Philip Schaff e Henry Wace (Grand Rapids: Eerdmans Publishing Company, reimpressão de 1987), II.70.

no céu — próximo, visível, mas, no fim das contas, inalcançável. A lógica da vinda de Jesus começa com a grande dança da vida compartilhada pelo Pai, Filho e Espírito e com sua surpreendente decisão e determinação de compartilhar essa dança conosco.

Para isso, o Filho de Deus saiu da eternidade e se tornou um ser humano, um bebê nascido da Virgem Maria. Com a maior humildade de todas, Ele entrou em nosso mundo e se tornou o que somos. Em primeiro lugar, devemos ver a vinda do Filho de Deus como o ato do Pai, do Filho e do Espírito trazendo sua comunhão para a terra, sua grande dança de vida compartilhada.

## A Encarnação da Dança Trinitária

Anteriormente, escrevi sobre a transição que vivi em minha compreensão de Deus. Passei de pensar em Deus como apenas Deus, uma espécie de poder absoluto, abstrato e sem rosto, para a visão cristã de Deus como Pai, Filho e Espírito vivendo em uma comunhão de alegria, paixão, criatividade e amor. Da mesma forma, precisamos fazer uma transição em nosso entendimento sobre a encarnação.

A Igreja, em seus melhores dias, lutou com unhas e dentes para manter a verdade da encarnação. A Igreja primitiva compreendia que tudo dependia dela. Se Jesus Cristo não fosse plenamente divino, "Deus de Deus", como diz o credo, então o que Ele nos deu seria menos do que a plenitude e a vida de Deus. Eles entenderam isso e lutaram pela plena divindade de Cristo. Fizeram o mesmo por Sua plena humanidade. Pois a lógica também se aplica do outro lado. Se Ele é Deus de Deus, mas não se tornou um ser humano real, Ele pode ter a vida divina, mas ela não *nos* alcança. Voltamos ao balão no céu.

Junto com essas duas ênfases, há uma terceira, e ela é tão crítica quanto as duas primeiras. Na verdade, se você perder esse terceiro ponto, toda essa conversa sobre a plena divindade e a plena humanidade de Jesus se torna abstrata e nunca faz sentido real. A encarnação significa que Deus de Deus se tornou um ser humano real, osso de nossos ossos e carne de nossa carne. Mas não foi qualquer Deus que se tornou humano. Foi o *Filho* de Deus. Não foi aquele poder absoluto e sem rosto que se fez carne, mas o Filho amado do Pai, aquele que vive em comunhão com o Pai no Espírito, que conhece o Pai, o ama e compartilha a dança da vida.

Deixe-me colocar isso em forma de pergunta: O Filho de Deus abandonou seu Pai ao se tornar humano? Ele saiu do círculo de vida que compartilha com o Pai e o Espírito? A dança acabou no Natal? A comunhão entre o Pai e o Filho no Espírito foi subitamente rompida e perdida? É claro que não. Acima de tudo, a encarnação significa a vinda não apenas de Deus ou de algum tipo de vida divina genérica. A encarnação significa a vinda do *relacionamento trinitário* eterno do Pai, do Filho e do Espírito. Em Jesus Cristo, não apenas a vida divina, mas a grande dança da Trindade, a alegria, a plenitude e a glória do Pai, do Filho e do Espírito, sua vida, comunhão e companheirismo, entraram em nosso mundo e se estabeleceram entre nós.[15] Essa é a verdade simples e surpreendente.

Em primeiro lugar, a vida de Jesus Cristo deve ser entendida como a vivência, a encarnação, não apenas de uma vida divina, mas da própria vida trinitária dentro da existência humana. O que acontece em Jesus Cristo é que a grande dança da Trindade se torna concreta e vivida como uma realidade divino-humana.

Se você parte de uma santidade legalista como a verdade fundamental sobre Deus, então, ao se deparar com Jesus, você tem tanta pressa para chegar à cruz e resolver o problema do pecado que passa direto, ignorando a encarnação. Quando você começa com a santidade legalista, seus olhos só enxergam a cruz, e você nunca percebe que, em Jesus Cristo, nada menos do que a vida trinitária eterna do Pai, do Filho e do Espírito está sendo vivida dentro da existência humana. Você nunca compreende de verdade o significado surpreendente da encarnação. E também nunca percebe o significado igualmente grandioso da ascensão. No modelo legalista, a cruz se torna tão imensa no horizonte que a encarnação, a ressurreição e a ascensão de Jesus acabam ofuscadas. Você sabe o que significa a ascensão? Alguma vez já ouviu um sermão ou uma série de sermões sobre a ascensão? A ascensão significa que a encarnação não acabou. Significa que,

15  Ver Colossenses 1:19 e 2:9ss.

agora e para sempre, o Filho continua a viver sua filiação como um ser humano.

Quando o Filho se fez homem, não foi como se Ele tivesse vestido um manto que depois pudesse tirar. Ele agora é e será para sempre um de nós—osso dos nossos ossos, carne da nossa carne, humano em toda a sua plenitude. Como Trevor Hart aponta, a encarnação não foi um "episódio temporário na vida de Deus,"[16] mas uma realidade permanente para a Trindade. Agora e para sempre, sentado à direita do Pai, plenamente inserido no círculo divino como participante do grande movimento da dança eterna, está o Filho de Deus, verdadeiramente divino e verdadeiramente humano. A presença da vida trinitária na terra, a encarnação da dança da Trindade, não foi uma fase passageira. Aquilo que o Filho de Deus se tornou não é algo que terminou ou deixou de existir. A encarnação não foi apenas um momento no passado. Quando o Filho de Deus se fez humano, Ele se fez humano *para sempre*. A dança da vida trinitária já não é apenas divina. Agora e para sempre, é uma dança divino-humana. Quando o Pai chama o Filho hoje, Ele fala uma língua humana—e assim será por toda a eternidade.

Por quê? Porque por trás do universo não há uma divindade austera, distante e abstrata, mas o Pai, o Filho e o Espírito Santo em sua eterna comunhão de amor. E porque este Deus Trino, em uma graça absolutamente surpreendente, decidiu não guardar essa grande dança apenas para si, mas compartilhá-la conosco. Essa decisão se concretizou na encarnação e na ascensão—na vivência da relação trinitária dentro da existência humana, agora e para sempre, para que essa dança pudesse, de fato, *nos alcançar*.

## A Encarnação da Dança Dentro da Queda

Mas ainda estamos apenas arranhando a superfície do significado da encarnação. Pois essa vivência da comunhão trinitária dentro da *existência humana* aconteceu dentro da nossa realidade—no meio da queda e da corrupção herdadas de Adão,

---

16 Trevor Hart, "A Humanidade em Cristo e Cristo na Humanidade: A Salvação como Participação em Nosso Substituto na Teologia de João Calvino" (Scottish Journal of Theology, vol. 42), p. 72.

dentro da dominação e da escuridão do mal, e dentro da aliança entre Deus e Israel. A encarnação da comunhão trinitária, portanto, foi um evento sangrento, marcado por dor e lágrimas, clamores intensos, sofrimento, morte e novo nascimento.

## Dentro da Pele de Adão: O Novo Homem

Antes de tudo, a encarnação é o Filho de Deus vivendo sua filiação, sua comunhão com o Pai, como um ser humano. Mas João nos diz logo de início que isso aconteceu não apenas dentro da nossa existência humana, mas dentro da "carne" humana.[17] Para João, não bastava nos deixar com a verdade de que "Deus" criou os céus e a terra. Ele queria que soubéssemos que foi o Pai, o Filho e o Espírito quem atuaram na criação. Da mesma forma, não bastava dizer que o Filho de Deus se tornou um ser humano; João queria que víssemos a plenitude da glória de Jesus Cristo. Ele queria que compreendêssemos a profundidade de sua humildade e amor. Queria que enxergássemos a encarnação como expiação. O Filho, João nos diz, tornou-se não apenas humano, mas carne — e carne,[18] biblicamente falando, é uma palavra carregada de significado. Quando a Bíblia fala da humanidade em trevas, em rebeldia, corrupção e perversão, usa a palavra carne.

O Filho de Deus entrou na equação humana exatamente onde estamos, não no Jardim antes da Queda de Adão, mas depois dela. Ele entrou no meio da corrupção e do caos humanos, no coração

---

17 Veja João 1:14.
18 Observe o comentário de C. E. B. Cranfield sobre o significado da palavra "carne" em seu ensaio "O Testemunho do Novo Testamento de Cristo", presente no livro *Essays in Christology for Karl Barth*, editado por T. H. L. Parker (Londres: Lutterworth Press, 1956), p. 81. "O Novo Testamento dá testemunho de uma condescendência de graça inefável, a descida do Filho de Deus da glória que Ele tinha com o Pai antes que o mundo existisse, até as profundezas mais baixas do sofrimento e da vergonha humanos. Esse movimento descendente, indicado em 2 Coríntios 8:9 pela expressão significativa 'se fez pobre' e detalhado mais profundamente em Filipenses 2:6-8... foi uma identificação real e completa com os pecadores. As palavras 'se fez carne' significam que, sem deixar de ser Deus, Ele assumiu não uma natureza humana intocada pela queda do homem, mas a mesma natureza humana que a nossa, ou seja, uma natureza humana caída. Foi com esse material aparentemente sem esperança—o que Paulo chama de *sárx hamartías* (Romanos 8:9)—que Ele operou Sua perfeita obediência ao Pai, sendo 'em tudo tentado como nós, mas sem pecado'. 'Se fez carne' e 'se fez pobre' não são interpretados adequadamente a menos que levemos isso até suas últimas consequências."

da nossa desordem, da nossa fragilidade e das nossas doenças. Ele assumiu a única existência humana que havia disponível: a existência humana caída.

Você já pensou sobre isso? Sempre me ensinaram que a humanidade é corrupta, "totalmente depravada". Talvez essa afirmação seja forte demais — ou talvez não seja forte o suficiente. Mas, independentemente de como definimos o estado da existência humana e a profundidade da sua corrupção, a verdade estarrecedora da encarnação é que o Filho de Deus entrou nela.

T. F. Torrance, da Escócia, compreendeu essa realidade melhor do que qualquer outro escritor moderno que conheço. Ele diz:

> "Talvez a verdade mais fundamental que precisamos aprender — ou melhor, reaprender, pois a suprimimos — é que a Encarnação foi a vinda de Deus para nos salvar no coração da nossa humanidade *caída* e *depravada*... Ou seja, a Encarnação deve ser entendida como Deus assumindo sobre si a nossa natureza humana caída, a nossa existência real, carregada de pecado e culpa, a nossa humanidade doente na mente e na alma, em sua separação e alienação do Criador."[19]

O ponto aqui, obviamente, não é dizer que Jesus Cristo se tornou pecador ou que foi de alguma forma contaminado pela existência humana na qual entrou. O ponto é que Ele realmente entrou na

---

19 Thomas F. Torrance, *The Mediation of Christ / A Mediação de Cristo* (Grand Rapids: William B. Eerdmans Publishing Company, 1983), pp. 48-49. Compare o comentário de Santo Atanásio, típico dos Pais da Igreja primitiva: "Assim como, por um lado, não poderíamos ter sido redimidos do pecado e da maldição, a menos que a carne e a natureza que o Verbo assumiu fossem verdadeiramente nossas (pois não teríamos qualquer interesse em Sua assunção de uma natureza alheia); assim também o homem não poderia ter sido unido à natureza divina, a menos que aquele Verbo, que se fez carne, tivesse sido, em essência e natureza, o Verbo e Filho de Deus. Pois esse foi o verdadeiro propósito e fim da Encarnação de nosso Senhor: que Ele unisse o que é homem por natureza àquele que é Deus por natureza, para que o homem pudesse usufruir de Sua salvação e de Sua união com Deus sem qualquer temor de fracasso ou diminuição." *The Orations of St. Athanasius* (Londres: Griffith, Farran, Okeden and Welsh), II.70. Para um estudo acadêmico sobre a assunção da humanidade caída por Cristo, veja Thomas G. Weinandy, *In the Likeness of Sinful Flesh* (Edimburgo: T & T Clark, 1993) e Harry Johnson, *The Humanity of the Saviour* (Londres: The Epworth Press, 1962).

nossa realidade. Se não tivesse feito isso, voltaríamos à ilusão de que sua obra paira sobre nossas cabeças, sem efeito real sobre *nós*.

Imagine um grupo de pessoas presas em uma mina desmoronada. Suponha que a equipe de resgate monte uma base na superfície, mas nunca desça até a mina. De que adiantaria? Não haveria resgate. A ajuda não alcançaria os que estão presos. Agora, imagine o contrário: a equipe de resgate desce até a mina, mas perde contato com a equipe na superfície. Nesse caso, eles também estariam perdidos.

É essencial que mantenhamos as duas verdades juntas. Se Jesus deixasse de ser Ele mesmo, o Filho amado do Pai que vive em comunhão com o Pai no Espírito, tudo estaria perdido, pois Ele não teria nada para nos dar ao vir até nós. Mas, por outro lado, se Ele vivesse sua filiação com o Pai sem fazê-lo dentro da pele de Adão, então sua filiação não nos alcançaria;[20] a dança da vida da Trindade passaria por cima de nossas cabeças.

Quando enxergamos, com João e Paulo e com a Igreja primitiva, que a encarnação foi uma encarnação real — que o Filho de Deus se fez carne sem abrir mão de sua comunhão com o Pai —, então nos deparamos com um paradoxo que nos permite compreender a verdade sobre a obra de Cristo. Em Jesus Cristo, há uma união entre duas realidades que, à primeira vista, são incompatíveis. De um lado, temos a vida Triúna de Deus, com toda sua comunhão face a face, pureza, plenitude, alegria, justiça e integridade. Do outro lado, temos a existência humana em sua fuga, ruína, corrupção, doença e perversão. A encarnação significa que esses dois mundos foram unidos.

Em Jesus Cristo, a comunhão jubilosa do Pai, do Filho e do Espírito, a plenitude e a pureza da Trindade, encontram Adão — temeroso, envergonhado e escondido entre os arbustos. Como isso é possível? Como pode haver união entre o ser Triúno de Deus e a humanidade caída? Como a paz de Deus pode se cruzar com a desarmonia da existência humana decaída? Como a dança da Trindade pode, de fato, tocar e penetrar o caos da nossa

---

20 "Somente se Jesus assumisse uma humanidade em unidade com a raça caída de Adão, sua morte e ressurreição poderiam curar e salvar essa humanidade." (*Thomas G. Weinandy, In the Likeness of Sinful Flesh / A Semelhança De Carne Pecaminosa*, Edimburgo: T & T Clark, 1993), p. 28.

desordem? Como essa "mais violenta de todas as contradições", como disse Edward Irving, pode acontecer?[21]

A resposta é que, humanamente falando, isso não é possível. Algo precisa ceder. Algo precisa mudar. Tem que haver uma conversão, uma transformação, uma reorganização fundamental — uma reconciliação real. E foi exatamente isso que aconteceu na vida, morte e ressurreição de Jesus. Adão, e toda a existência adâmica caída, foi virada do avesso, convertida, reordenada, curada — crucificada e renascida.

A entrada da comunhão do Pai, do Filho e do Espírito em nossa condição quebrada e alienada não significa a ruína da Trindade. Não significa contaminação divina, nem profanação ou poluição, ou algum tipo de infecção venenosa da comunhão entre o Pai, o Filho e o Espírito — assim como Jesus não foi contaminado nem ficou leproso ao estender a mão e tocar o leproso. A entrada da comunhão do Pai, do Filho e do Espírito na "carne", na existência humana quebrada, significa guerra!

Em Lucas 2:52, a Bíblia diz que Jesus *crescia* em sabedoria e estatura, diante de Deus e dos homens. A palavra usada ali para "crescia" é *prokopto*, que significa avançar, fazer progresso, seguir em frente. Era usada no mundo antigo para descrever a forja de metal nas mãos de um ferreiro.

Se você já viu um ferreiro martelar uma ferradura, então tem a imagem de *prokopto*. Primeiro, o ferreiro acende um fogo intenso. Depois, ele pega uma barra de ferro e a empurra para o centro das brasas. Quando a barra começa a brilhar como uma brasa, o ferreiro segura a ponta mais fria com uma luva, a retira do fogo e a coloca sobre a bigorna. Em questão de segundos, ele reúne toda a força de seu corpo e martela a barra com golpes poderosos. Temporariamente exausto, ele joga a barra num balde de água fria para interromper o processo e recuperar o fôlego. Em instantes, a barra volta para o fogo.

---

21 "Pois, nesse ato da encarnação, contemplamos a natureza do homem pecador, caído e sofredor entrando em doce e harmoniosa união com a natureza sem pecado de Deus. A mais violenta de todas as contradições reconciliada; e uma porta de esperança, sim, de plena certeza, aberta—e que nenhum poder jamais poderá fechar." (*The Collected Writings of Edward Irving,* ed. por G. Carlyle, vol. 5 (Alexander Strahan, Publishers, 1865), p. 327-328, ver também pp. 114-146).

Os extremos envolvidos neste processo — o calor intenso do fogo, a força do homem, a violência dos golpes, a precisão — são impressionantes. Vez após vez, o ciclo se repete, com apenas pequenos avanços. Por fim, através da repetição exaustiva do fogo e dos golpes brutais, por meio da dor, do suor e do sangue, começa a surgir a forma de uma ferradura.

Essa é a melhor imagem do que a encarnação significa quando a vemos em seu verdadeiro contexto. Pois foi isso que aconteceu em Jesus Cristo, desde seu nascimento até sua ressurreição. O Filho de Deus entrou em nossa existência humana quebrada, caída, alienada. Ele assumiu sobre si nossa carne decaída.[22] Ele se colocou no lugar de Adão, no lugar de Israel, no nosso lugar — e recusou firmemente ser Adão. Recusou ser Israel. Recusou ser o que nós somos.

Na nossa carne, dentro da pele de Adão, Ele abriu caminho a golpes. Entrou na existência humana caída e recusou firmemente "cair" com ela. Passo a passo, momento a momento, golpe a golpe, através do fogo e das provações, por 33 anos de sangue, suor e lágrimas, até a crucificação, no poder do Espírito Santo, Ele transformou a humanidade caída que assumiu da "árvore genealógica de Adão, retorcida pelo pecado."[23]

Essa é a obra expiatória de Jesus Cristo. Ele viveu sua filiação dentro da existência adâmica caída — e foi um caos sangrento. Ele viveu sua filiação através do fogo, das provações e das lágrimas,[24] até o ponto máximo de autossacrifício, morrendo na cruz. A morte de Jesus Cristo não é um castigo vindo das mãos de um Deus irado; é a identificação suprema do Filho com o Adão caído, e a expressão máxima de fidelidade à sua própria identidade como Aquele que vive em comunhão com o Pai no Espírito. Pois Ele realmente entrou em nossa condição quebrada, em nossa separação e alienação. Ele carregou a violenta contradição em seu próprio ser, e a resolveu através do fogo e das provações,

---

22 Como afirma Thomas G. Weinandy: "O Filho eterno de Deus atuou a partir dos limites de uma humanidade alterada pelo pecado e pela Queda" (*In the Likeness of Sinful Flesh*, Edinburgh: T & T Clark, 1993), p. 18.

23 Thomas G. Weinandy, *In the Likeness of Sinful Flesh* (*À Semelhança da Carne Pecaminosa*) (Edimburgo: T & T Clark, 1993), p. 28.

24 Ver Hebreus 5:8.

morrendo para a carne adâmica, crucificando-a no Calvário. Pois não havia outro modo de viver sua comunhão com o Pai — como o Filho *encarnado* — senão colocando à morte a carne de Adão.

A morte de Jesus Cristo não é o fim da relação entre o Pai e o Filho; é sua vitória final. Pois morrer é a recusa final e decisiva do Filho encarnado de ser Adão. É, portanto, a circuncisão radical da carne adâmica, a morte do homem do pecado, a conversão decisiva da existência adâmica, e o fim e desfazer da Queda através de re-criação e ressurreição. Pois o que emerge do outro lado da cruz é um ser humano, da linhagem caída de Adão, que está completamente em retidão com Deus Pai.

Jesus Cristo não é uma chave inglesa divina que Deus usou por um tempo e depois guardou de volta na caixa de ferramentas celestial. Nem é apenas um contador que ajusta as contas legais. Jesus Cristo é a expiação viva. Ele é homem, da linhagem retorcida pelo pecado de Adão, em plena retidão com Deus Pai. Ele é homem adâmico, em unidade com o Pai, vivendo em união e comunhão com o Pai, aceito e acolhido pelo Pai e assentado à Sua direita. O que emerge de 33 anos de fogo, provação e crucificação é o homem adâmico participando plena e completamente da grande dança da Trindade, agora e para sempre. Essa união viva, esse relacionamento entre Deus, de um lado, e a humanidade do outro, é a obra expiatória de Cristo. Essa união é a salvação; é reconciliação real, não teórica.

### Dentro do Domínio do Mal: Jesus é Vitorioso

Mas agora precisamos olhar novamente para a encarnação. Ainda estamos apenas arranhando a superfície do significado da encarnação. O Filho de Deus veio até aqui e viveu sua filiação, sua comunhão e vida com o Pai no Espírito. E Ele continua a vivê-la agora e para sempre como o Filho *encarnado*. Mas isso aconteceu dentro de um contexto definido, dentro do contexto da Queda e, portanto, dentro da existência Adâmica caída. Agora precisamos enxergar claramente que isso aconteceu dentro do domínio do mal.

A encarnação acontece dentro do círculo da escuridão, dentro do círculo da mentira. O Filho de Deus entrou no *nosso* mundo — o mundo em que a raça humana caiu presa do mal e se entregou irreversivelmente às mãos do maligno. Ele se tornou o que nós somos. Ele se colocou onde nós estávamos, onde o mal, a escuridão e a corrupção haviam se enrolado em torno de nosso próprio ser e ameaçavam nossa completa destruição.

Em Jesus Cristo, duas realidades se encontram — realidades que não pertencem uma à outra: a comunhão do Pai, do Filho e do Espírito, e nossa existência humana alienada e quebrada, sob o domínio do maligno. O que acontece quando a própria comunhão, vida e glória do Pai, do Filho e do Espírito invade o domínio das trevas e se estabelece dentro do território inimigo? O que acontece quando o Filho conhece seu Pai na comunhão do Espírito, como sempre conheceu, mas agora do lado de dentro da pele de Adão, dentro do domínio do mal? O que acontece quando o Filho anda e vive no Espírito Santo, como sempre andou e viveu, mas agora também anda e vive como um homem nos sapatos de Adão, sob o assédio ofuscador do maligno? O que acontece quando, dentro da nossa escuridão e alienação, dentro da nossa confusão e das tentações comuns aos homens, o Filho de Deus se recusa firmemente a ser qualquer outra coisa além do que Ele é — o Filho amado e fiel do Pai, que vive em comunhão com o Espírito?

O que acontece quando, dia após dia, Ele declara seu grande e intolerante "Não! Eu não farei. Eu não serei um homem por conta própria. Eu não abandonarei meu Pai. Eu não sairei do círculo de vida que compartilho com Ele no Espírito. Eu amarei meu Pai de todo o meu coração, alma, mente e força!" O que acontece?

No sentido mais verdadeiro da expressão, "o inferno se levanta." Em um ataque total, o maligno descarrega tudo o que tem sobre Jesus Cristo. Ele usa cada truque sutil, perverso e covarde ao seu dispor. Ele despreza a comunhão do Pai, do Filho e do Espírito; ele quer que ela seja destruída, arrancada da Terra.

Algumas pessoas pensam que Jesus não foi tentado como nós, que foi fácil para Ele, que basicamente apareceu como o Filho de Deus e tudo correu bem. A verdade é que nunca conheceremos o cálice que Ele teve de beber. Nunca conheceremos a dor, a agonia

45

que Ele suportou. O que vemos no Getsêmani[25] — quando Jesus está prostrado, chorando lágrimas profundas e suando gotas de sangue — a tristeza, a dor, o sofrimento de carregar todo aquele peso — o que vemos no Getsêmani é um retrato do que estava acontecendo dentro de Jesus desde o momento de seu nascimento. Sua vida inteira foi uma guerra: pressão, tentações internas e externas, constantes ataques de dúvida, confusão e escuridão, insinuações incessantes, vergonha interminável vinda dos religiosos, a fraqueza e traição de seus melhores amigos.

A encarnação significa que Ele viveu sua filiação dentro do domínio do mal. Do nascimento até a cruz, foi guerra; "desde o momento em que assumiu a forma de servo, começou a pagar o preço da libertação", como colocou Calvino.[26] A grande dança da vida compartilhada pelo Pai, pelo Filho e pelo Espírito se estabeleceu dentro do domínio das trevas e, por meio do fogo e da provação, golpe após golpe, durante 33 anos, atravessou todo o acampamento. O fato de que, por tudo isso, Jesus nunca traiu o Pai; o fato de que nunca saiu do círculo de vida que compartilha com o Pai no Espírito; o fato de que suportou o peso de tudo — isso significa que em Jesus Cristo emerge um homem, da linhagem pecaminosa de Adão, de dentro do domínio do mal, que é completamente e absolutamente vitorioso sobre o mal.

O que mais o maligno poderia lançar contra o Filho ressurreto e exaltado — algo que Ele já não tenha enfrentado, atravessado e, ainda assim, amado o Pai em meio a tudo isso? O Jesus Cristo ressurreto é o Filho de Deus encarnado como homem, como homem adâmico, vivendo além da possibilidade de tentação, trevas e confusão. Ele é o homem adâmico vivendo em vitória, vivendo na luz, livre da escuridão. É impossível que o mal tenha qualquer acesso ao círculo da comunhão do Espírito compartilhado pelo Pai e pelo Filho *encarnado* e *exaltado*. Ele vive além da escuridão, na plena luz da dança, agora e para sempre. Jesus é o Vitorioso.

---

25  cf. Marcos 14:32ss.
26  João Calvino, *Institutas da Religião Cristã*, volume XX da *The Library of Christian Classics*, editado por John T. McNeill (Filadélfia: The Westminster Press), II.xvi.5.

## Dentro da Aliança: A Nova Aliança

Mas ainda estamos apenas arranhando a superfície da encarnação. Há ainda um terceiro contexto no qual precisamos enxergar a concretização da comunhão Trinitária. Pois a vivência da comunhão trinitária acontece não apenas dentro da pele de Adão, não apenas dentro do domínio do mal, mas também dentro da aliança entre Deus e Israel. A encarnação significa que o relacionamento do Pai com o Filho no Espírito invadiu o lado humano da aliança, se estabeleceu dentro de Israel e dentro do lado de Israel na relação, dentro do fracasso de Israel em responder ao chamado de Deus.

Em Gênesis 3, Deus chama Adão e Eva, e eles estão escondidos nos arbustos, incapazes de responder ao seu chamado, incapazes de se apresentar e viver em comunhão com Deus. Esse chamado ecoa por toda a história de Israel sem resposta. Ecoa por toda a sua vida e pela minha sem resposta. Mas agora, do lado humano desse chamado, dentro do nosso fracasso em responder, está o Filho encarnado do Pai — o Filho amado como homem. Ao viver sua filiação, Ele está respondendo ao chamado de Gênesis 3. Ele está cumprindo a aliança, está gravando na existência de carne e sangue uma resposta real ao chamado. Passo a passo, golpe após golpe, por 33 anos e uma crucificação, Ele responde ao Pai com todo o seu coração, alma, mente e força, e o faz dentro do fracasso de Adão, do fracasso de Israel, do nosso fracasso.

O que significa a encarnação? O que significa que o Filho de Deus viveu sua filiação como um ser humano? O que significa que a comunhão eterna do Pai, do Filho e do Espírito se estabeleceu e se completou dentro da existência humana? Significa que o relacionamento de aliança entre Deus e Israel finalmente alcançou seu cumprimento. E mais do que isso, significa que o relacionamento de aliança foi preenchido com nada menos que o próprio relacionamento do Pai, do Filho e do Espírito.[27] A grande

---

27 Note o comentário de T. F. Torrance: "...em Jesus Cristo, a fidelidade da aliança de Deus foi encontrada e respondida por uma fidelidade de aliança dentro da nossa humanidade, de modo que essa fidelidade divino-humana forma o próprio conteúdo e substância da aliança cumprida, que é a Nova Aliança. Assim, a relação de aliança está agora preenchida com a relação ou comunhão entre o Filho e o Pai, e é nessa ̃unhão que nos é dado compartilhar pelo Espírito" (*Conflict and Agreement in the*

dança agora é o conteúdo da aliança entre Deus e Israel — e em Israel, com toda a raça humana.[28]

Isso não é teoria. Jesus Cristo está assentado à direita do Pai como homem, como homem adâmico, como Israel, como o Homem da Aliança, e Ele vive em fidelidade e comunhão de aliança com o Pai no Espírito, agora e para sempre. Ele é a nova aliança entre Deus e a humanidade, gravada na existência humana e permanecendo para sempre.[29]

## A Peça Que Faltava: A Encarnação Como Conexão

Mas ainda estamos apenas arranhando a superfície do significado da encarnação. Quando o Filho de Deus se fez humano e viveu sua filiação como homem, a existência adâmica foi crucificada, nasceu de novo e foi exaltada para dentro do círculo; o cativeiro do mal foi vencido; e a nova aliança foi gravada na existência humana. Mas se pararmos aqui, ainda não temos evangelho. Pois, até agora, ainda estamos do lado de fora olhando para dentro. Até agora, somos apenas espectadores. Se pararmos aqui, teremos apenas o modelo do "viva Jesus!" do cristianismo. Viva Jesus — Ele conseguiu. Ele passou por tudo e agora vive dentro do círculo. Ele é o novo homem. Ele é o vitorioso. Ele participa plenamente, sem impedimentos, da comunhão da aliança. Ótimo para Jesus. Mas e quanto a nós? É só isso? Tudo isso foi forjado no fogo da provação apenas para termos um grande exemplo a seguir? A Bíblia nos deixa olhando para a ascensão, nos perguntando como vamos seguir Jesus? Ou há algo mais na encarnação que ainda não descobrimos — uma peça que falta?

Até aqui, falei sobre a encarnação a partir do ponto de vista do Filho vivendo sua filiação dentro da existência humana. Mas esse Filho não apenas conhece o Pai e partilha todas as coisas com Ele na abundante comunhão do Espírito — esse Filho de Deus é também o Criador do universo. É por meio dele e nele que todas as coisas foram criadas.

---

*Church*, [Londres: Lutterworth Press, 1960], vol. 2, pp. 122-123).
28  Veja Isaías 42:6.
29  Veja Hebreus 8-10

Lembre-se: Deus *é* Pai, Filho e Espírito. Nunca houve um tempo em que existia "apenas Deus". Deus sempre foi Trindade. Nunca houve um pensamento de Deus que não fosse um pensamento trinitário. E nunca houve um ato de Deus que não fosse um ato do Pai, do Filho e do Espírito. O Pai nunca age pelas costas do Filho e do Espírito. O Pai não tem um "plano próprio", à parte, por assim dizer. Ele não criou o universo pelas costas de Cristo, sem o conhecimento ou participação do Filho. A criação é um ato do Pai, do Filho e do Espírito.

O Novo Testamento é muito claro ao afirmar que todas as coisas foram criadas não apenas por Deus, mas no Filho, por meio do Filho e através do Filho. João diz com ênfase: nada, *absolutamente nada*, foi criado à parte do Filho. É nele, por Ele e através dele que a criação acontece, e é nele que todas as coisas existem e se sustentam.[30] Isso significa que existe uma conexão entre o Filho eterno de Deus e todas as coisas. Existe uma conexão entre o Filho eterno de Deus e cada ser humano.

Eu enfatizei que, quando o Filho de Deus se fez homem, Ele não deixou o Pai. A comunhão do Pai, do Filho e do Espírito não foi rompida ou perdida no processo. O Filho não deixou de ser Filho. Da mesma forma, precisamos entender agora que, ao se tornar humano, o Filho não deixou de ser aquele em quem, por quem e através de quem todas as coisas existem. A conexão entre o Filho de Deus e o cosmo, o universo e a raça humana não evaporou de repente quando Ele se fez homem.

Quando o Filho de Deus saiu da eternidade e entrou na história, a conexão entre Ele e a humanidade não foi perdida; ela foi estreitada. Foi solidificada, fortalecida, assegurada. Isso significa que, embora Jesus Cristo seja um homem real, um ser humano individual, Ele é também mais do que isso. Ele é *o homem* — o único homem em quem toda a raça humana está incluída.

A história de Jesus Cristo, portanto, não é apenas mais um evento entre outros importantes da história humana. A história de Jesus Cristo é o evento dos eventos. É *o* momento dos momentos. O que acontece aqui, neste Deus — o que acontece aqui, neste Filho, por meio de quem e em quem todas as coisas existem —

30 Veja João 1:1-3; Hebreus 1:1-3; e Colossenses 1:16 em diante.

tem um significado fundamental e decisivo para você, para mim, para a raça humana e, de fato, para todo o cosmo.

Para o bem ou para o mal, o que acontece com Ele, acontece conosco. Para o bem ou para o mal, o que acontece com *Ele* acontece com a humanidade.

Se Ele cai, o cosmo cai. Se *Ele* morre, então nós morremos.

E foi exatamente isso que aconteceu. O Filho encarnado morreu, e em sua morte Adão morreu, o velho homem morreu,[31] você morreu, nós morremos.[32] Pois não foi um mero homem que morreu na cruz. Foi o Filho encarnado, Aquele em quem todas as coisas existem. Ele foi crucificado, e em sua crucificação Adão, você, eu, toda a raça humana foi crucificada. Deus não fez apenas algo *por* nós em Jesus Cristo — Deus fez algo *em* nós, *conosco*. Em Jesus, nesse Filho encarnado, Deus estava agindo sobre todos nós, realizando algo em nós, fazendo de nós algo novo.

Se a raça humana caiu em um simples homem chamado Adão, o que aconteceu com a raça humana na morte, ressurreição e ascensão do Filho de Deus encarnado? Por que será que a Igreja foi tão rápida em dar a Adão tanto destaque dentro de todo o contexto, e tão lenta em reconhecer a suprema grandeza de Jesus Cristo? O Filho encarnado seria menor do que Adão? Jesus Cristo teria menos peso na existência humana? Adão é apenas um homem, uma sombra pálida quando comparado ao Filho de Deus encarnado.

Se todos caímos em Adão, certamente todos caímos em Cristo. Mas isso é só o começo da história. Porque o Filho encarnado não apenas morreu — Ele ressuscitou. O que aconteceu conosco em sua ressurreição? Quando esse Filho ressuscitou, será que Ele nos deixou no túmulo? Será que deixou Adão para trás? Será que nos deixou, a mim e a você, à raça humana, no sepulcro? "Bendito seja o Deus e Pai de nosso Senhor Jesus Cristo", diz Pedro, "que, segundo a sua grande misericórdia, nos regenerou para uma viva esperança mediante a ressurreição de Jesus Cristo dentre os mortos."[33]

---

31 Veja Romanos 6:6.
32 Veja 2 Coríntios 5:14 em diante
33 1 Pedro 1:3.

Quando esse Filho desceu, nós descemos com Ele. E quando esse Filho saiu do túmulo, a humanidade saiu com Ele — vivificada com nova vida, nascida de novo no Espírito, para uma esperança viva. E quando esse Filho ascendeu ao Pai, Ele levou toda a raça humana com Ele.[34] E ali, naquele momento, a humanidade foi acolhida pelo Pai — aceita, abraçada, incluída na grande dança.

Algum tempo atrás, eu estava ensinando sobre essa conexão entre Jesus Cristo e a humanidade. Quando terminei, uma menina veio até mim chorando. Achei, a princípio, que eu havia dito algo que a machucara. Perguntei o que estava acontecendo. Ela respondeu:

> — Nada está errado, Sr. Kruger. Quando o senhor estava contando sua história, Deus me deu uma visão. Eu vi Deus sentado em um trono, e havia muitos degraus que levavam até Ele. E tinham pessoas, centenas e centenas de pessoas, nos degraus. Todos nós estávamos tentando chegar até Deus, mas nenhum de nós conseguia. Continuávamos caindo, e não conseguíamos alcançar Deus, e todos estávamos tristes. E então eu vi Jesus. Ele veio, nos pegou todos nos braços e subiu os degraus, e nos colocou no colo do Pai.

Essa é a peça que faltava no quebra-cabeça do evangelho — o verdadeiro significado da encarnação e da ascensão.

O evangelho não deixa você olhando para o céu, tentando descobrir como vai conseguir fazer o que Jesus fez. O evangelho não te deixa sozinho com sua própria existência humana, tentando entender como será convertido, como vencerá o mal, como se tornará membro da nova aliança que Jesus tem com seu Pai. O evangelho é a notícia de que Jesus Cristo já fez isso.

O evangelho não é um convite. O evangelho é uma declaração da verdade. Ele nos declara que fomos recriados em Jesus, que fomos libertos do mal em Jesus Cristo, que nos foi dado um novo relacionamento com o Pai em Jesus Cristo. O evangelho nos declara que, na encarnação, vida, morte, ressurreição e ascensão do Filho de Deus, fomos levados à morte com Ele e purificados

34 Veja Efésios 2:4-7.

de toda alienação; fomos refeitos, recriados, nascidos de novo; e fomos elevados ao círculo de vida compartilhado entre o Pai, o Filho e o Espírito, e ali mesmo incluídos na grande dança do Deus Triúno. Porque não foi um homem qualquer que morreu, ressuscitou e ascendeu. Foi o Filho de Deus encarnado, aquele por meio de quem, e em quem, e através de quem, todas as coisas existem.

# 3

# O Rio que Corre por Dentro de Tudo:

## A Trindade e o Segredo da Vida Humana

*A afirmação central da fé cristã declara que o próprio Deus entrou em nossa situação humana e, ao fazê-lo, a transformou completamente.* — A. M. Allchin[35]

*Creio no Cristianismo assim como creio que o Sol nasceu, não apenas porque o vejo, mas porque por meio dele vejo todas as outras coisas.* — C. S. Lewis[36]

O que devemos pensar sobre o fato de que Jesus Cristo está assentado à direita de Deus, o Pai todo-poderoso? O que isso significa — que Ele está à direita do Pai, agora e para sempre, não apenas como o Filho de Deus, mas como o Filho de Deus encarnado e, portanto, como ser humano? O que devemos pensar sobre o fato de que Ele está assentado ali não meramente como um homem, mas como o Homem, o Último Adão, Aquele em quem toda a raça humana está entrelaçada? O que devemos pensar sobre o fato de que Ele já nos incluiu na grande dança?

## A Luz do Mundo

No evangelho de João, Jesus declara: "Eu sou a luz do mundo."[37] Ele não diz: "Eu serei a luz do mundo quando as pessoas finalmente decidirem me seguir," ou "quando finalmente acertarem sua religião," ou "quando a Igreja fizer seu trabalho

---

35 A. M. Allchin, *Participation in God: A Forgotten Strand in Anglican Tradition / Participação em Deus: Uma Vertente Esquecida na Tradição Anglicana* (Londres: Dartmon, Longman & Todd, 1988), p. 1.
36 C. S. Lewis, "Is Theology Poetry?" / "A Teologia é Poesia?", em *The Weight of Glory and Other Addresses / O Peso da Glória e Outros Discursos* (Nova Iorque: Simon & Schuster, A Touchstone Book, 1996), p. 106.
37 Veja João 8:12.

e converter o mundo." Ele diz: "Eu *sou* a luz do mundo." Não é uma profecia ou projeção de algo que poderá acontecer no futuro. Nem mesmo é um convite. É uma declaração simples.

A base sobre a qual Jesus fala é o fato de que Ele fez algo que mudou o mundo. Sem pedir nossa opinião ou permissão, o Filho de Deus tomou para si a raça humana e transformou decisivamente sua identidade e existência. Ele nos levou consigo em sua morte. Crucificou Adão, a mim, a você, a humanidade. Purificou-nos de toda alienação e nos converteu a seu Pai. Levantou-nos com Ele em sua ressurreição, deu-nos nova vida, novo nascimento — recriou-nos no Espírito Santo. Exaltou-nos em sua ascensão e nos levou para casa, para dentro do círculo da própria vida, comunhão, alegria e glória do Deus Triúno. Jesus, portanto, não se apresenta a nós como uma teoria, uma possibilidade, mais uma entre várias verdades possíveis para a humanidade. Ele se apresenta como a luz da nossa vida, como o mistério, o segredo da existência humana.

Quando Jesus declara: "Eu sou a luz do mundo," Ele não está sendo arrogante, e certamente não está sendo exclusivista. Ele está nos dizendo que Ele já o fez — que já nos atraiu para dentro do círculo. Ele está nos dizendo que já nos incluiu na grande dança. Nossa inclusão, portanto, não é um objetivo a ser alcançado, nem uma realidade a ser construída ou merecida. *É* a verdade. E, sendo a verdade, é a maior de todas as evidências sobre quem somos e sobre o que realmente está acontecendo em nossas vidas.

O fato de que Jesus Cristo é quem Ele é e fez o que fez por nós, em nós e conosco, significa que há muito mais acontecendo em nossas vidas do que jamais poderíamos imaginar. Significa que já há muito mais da grande dança ao nosso redor do que jamais suspeitamos. Como poderia ser diferente? Se Ele participa da vida da Trindade, e nós estamos incluídos nele, então é impossível que essa vida esteja ausente das nossas vidas.

Jesus não está lá em cima, num santuário celestial, esperando que a gente "se acerte". Ele não abandonou o mundo, não nos deixou órfãos,[38] fora do círculo da vida familiar. Ele não

38 Veja João 14:18.

está ausente, e sim presente. E este que está presente é o Filho encarnado, que compartilha toda a vida, toda a glória, toda a plenitude e toda a alegria com o Pai, na comunhão do Espírito. Este que está presente é o Filho encarnado, o Novo Homem, face a face com o Pai; o Vitorioso, que vive além do mal e da escuridão; o Homem da Aliança, que vive em comunhão plena com o Pai.

O mistério que move o universo, a luz da vida, o segredo escondido[39], é que Jesus Cristo já está compartilhando a sua vida conosco. A grande dança já está acontecendo na sua vida e na minha. Com toda humildade e generosidade, Jesus já está repartindo sua alegria, sua comunhão, sua liberdade conosco. Ele já está dividindo conosco sua glória, sua plenitude e suas dores. Com toda humildade e gentileza, Ele já está nos dando sua criatividade, seu conhecimento, seus interesses e sua consciência limpa — o seu amor. Isso não é teoria, não é um sonho distante. É a luz da vida. É o mistério da nossa existência. É a verdade mais profunda sobre tudo o que somos. Nosso chamado é repensar completamente tudo o que achávamos que sabíamos sobre nós mesmos, sobre os outros e sobre o que realmente está acontecendo na vida humana. Porque a nós foi dado um presente absolutamente surpreendente.

## O Segredo da Vida Humana

Dias atrás, vi uma avó segurando sua netinha no colo. Estavam em pé, dentro de um restaurante no shopping. Eu observei o olhar daquela avó enquanto ela contemplava a bebê. Vi amor e alegria. Vi ternura e entrega. Vi sonhos, esperanças, desejos. Vi até risos escondidos no canto dos olhos. E então me perguntei: "Será que tudo isso nasce dentro do coração dessa avó? Será que esse amor, essa ternura, essa entrega são criações exclusivamente humanas? Ou será que isso é mais do que apenas humano? Não. Aquilo era a grande dança da Trindade acontecendo bem ali, diante dos meus olhos. Presente. Viva. Real. Não ausente."

Existe apenas um círculo de amor neste universo. Um círculo de vida, de comunhão, de paixão, de ternura e compromisso.

---

39 Veja Colossenses 1:27.

E esse círculo foi escancarado por Jesus Cristo. E dentro dele, a humanidade inteira, inclusive aquela avó e aquela bebê, foi incluída. Há muito mais acontecendo na vida daquela avó do que ela jamais imaginou. Muito provavelmente, ela nem faz ideia. Acha que é só ela sendo uma boa avó. Mas não é "só ela". Aquilo é a comunhão, a alegria, a vida e o amor do Pai, do Filho e do Espírito se expressando nela, e se revelando na sua relação com sua neta.

Uma amiga me contou que sua comunidade estava estudando sobre dons espirituais. O pastor leu uma lista de dons e entregou a todos um formulário para descobrir quais dons possuíam. Ela me disse: "Baxter, depois de preencher aquilo tudo, percebi que... eu simplesmente não tenho nenhum dom espiritual." Fiquei chocado. Porque, para mim, era óbvio que ela carregava um dos maiores dons de todos, e eu disse isso a ela. Falei que ela tinha o dom da hospitalidade. Apontei como todos que entram no prédio do nosso escritório vão direto para a mesa dela. Como as pessoas se aproximam, puxam conversa, como se a alma dela abrisse a porta antes mesmo das palavras. E contei que, sem exceção, todas as conversas que tive com ela me deixaram mais leve, mais animado, mais esperançoso. Ela ficou um pouco sem graça e respondeu: "Ah, eu sei disso... mas isso é só o meu jeito." E eu disse: "Não, não é só o seu jeito. Existe apenas um círculo de hospitalidade neste universo. E ele é o círculo do Pai, do Filho e do Espírito. Toda verdadeira hospitalidade — todo espírito de acolhimento, de encorajamento, de amizade e de fazer o outro se sentir em casa — nasce dessa relação divina. E você, minha amiga, foi incluída nesse círculo. É a hospitalidade do Pai, do Filho e do Espírito que flui de dentro de você. Eles compartilham com o mundo, por meio de você, esse Espírito que acolhe, que vivifica, que anima, que abraça."

Esse compartilhar extraordinário não é uma meta a ser alcançada. É simplesmente a forma como as coisas são. É a verdade a ser descoberta, compreendida — a luz que revela quem realmente somos e o que está de fato acontecendo em nossas vidas.

Há pouco tempo assisti a um documentário sobre

uma operação de resgate de baleias encalhadas. Virou um verdadeiro mutirão. Não consegui deixar de notar a seriedade das pessoas envolvidas, o peso que carregavam no coração, o comprometimento, a firmeza. Havia, sim, certa confusão, egos inflados, um ou outro com ares de superioridade. Mas a preocupação genuína era inegável. E eu já tinha visto aquele tipo de preocupação antes. Já tinha reconhecido aquele tipo de dor.

Quem é que se importa com a criação desse jeito? Quem é que chama cada estrela pelo nome, observa os pardais e veste os lírios do campo? Quem é que conta os fios de cabelo na cabeça de cada pessoa? Será que essa preocupação, esse peso que movia toda a operação até o final vitorioso, era meramente humano? Será que a alegria, a dignidade e a parceria entre eles era só fruto da "boa vontade" humana? A gente vai mesmo colocar tudo isso na conta da bondade natural das pessoas? Acho que não. Existe apenas um círculo de interesse, de cuidado, de zelo pela criação neste universo, e é o círculo do Pai, do Filho e do Espírito. Aquilo que minha família viu na televisão não foi nada menos que o próprio Deus Triuno em ação: Pai, Filho e Espírito cuidando da criação através dos corações, das mãos e dos pés de um grupo de seres humanos.

Vou te dar mais um exemplo tirado da minha própria vida. Uma das minhas paixões é pescar. Alguns anos atrás, comecei a brincar com a ideia de criar iscas artificiais, daquelas realistas que imitam peixinhos de verdade. Passei horas e horas na minha oficina, esculpindo e lixando, tentando descobrir como dar brilho à madeira, como criar escamas, como pintar um efeito iridescente, como fazer a isca se mover com naturalidade... até que inventei uma cauda patenteada! A primeira isca ficou tão feia que eu tive vergonha de mostrar a alguém. Mas testei escondido, e na segunda vez que joguei na água... peguei um robalo de quase 3 quilos! Aí eu soube: estou no caminho certo. Então continuei, até que as iscas ficaram exatamente como eu sonhava.

Um dia, minha filha Laura entrou na oficina enquanto eu finalizava uma isca. Ela ficou ali, me observando, e depois perguntou: "Pai... como é que você teve a ideia de fazer essas iscas?" Ela estava perguntando sobre a criatividade, de onde vinha essa ideia tão detalhada, desde o entalhe até a pintura, os olhos, o brilho, a cauda móvel. Olhei pra Laura e disse que tenho um Amigo que ama pescar. Todos os tipos de pesca. E que quando estou perto Dele, Ele compartilha Suas ideias comigo. Aliás, Ele fica feliz quando eu pego as ideias Dele e dou forma a elas. Ela me olhou surpresa e perguntou se conhecia esse amigo. Fui dizendo "não" a cada nome que ela sugeria, até que... Eu disse que esse Amigo também ama música, ama cozinhar, rir, mexer com plantas, jogar beisebol, cuidar dos animais. Ela fez uma pausa. E então perguntou: "Pai... você tá falando de Jesus, né?"

"Sim, Laura," eu disse. "Estou falando de Jesus. A música que você toca no piano, e a alegria que você sente ao tocar, isso não vem de você. Isso é parte da grande dança da vida que o Pai, o Filho e o Espírito compartilham... e Jesus está compartilhando isso com você. Ele coloca a música no seu coração, e você tem o privilégio de tocar."

Essa é a luz da vida. Por trás de tudo está Jesus, e a vida que Ele vive com o Pai, na comunhão do Espírito. Ele compartilha conosco suas ideias, suas alegrias, suas paixões, suas dores e interesses. Ele compartilha sua própria vida, a qual nós estamos vivendo, dia após dia. A grande dança está acontecendo e se desenrolando nas coisas mais simples do nosso cotidiano. Nossa inclusão nessa dança não é uma meta a ser alcançada. Não é algo que precisamos conquistar ou merecer. É a forma como as coisas são. É a luz do mundo. O segredo da existência humana. E toda a criação geme, esperando que enxerguemos isso.[40]

## Confusão e a Verdade

Existe, sim, um certo sentido em que nossa participação na grande dança pode parecer um objetivo. Nós não somos robôs com um "software divino". Somos pessoas únicas, distintas, e fomos incluídas — como pessoas — na grande dança. E justamente por sermos distintos, podemos nos confundir sobre quem somos. E, nessa confusão, acabamos seguindo caminhos errados — caminhos que abafam a vida de Cristo em nós. Quando não sabemos quem realmente somos como participantes da vida

40 Veja Romanos 8:19.

da Trindade, nos orgulhamos das *nossas* próprias conquistas. E esse orgulho disfarçado de espiritualidade acaba afastando as pessoas e interrompendo o fluxo da comunhão que o Pai, o Filho e o Espírito querem compartilhar através de nós. Quando não conhecemos a verdade, nos tornamos confusos. E, nessa confusão, começamos a acreditar em mentiras sobre Deus, sobre nós mesmos, sobre os outros. E a partir dessas crenças erradas, agimos de maneiras que acabam abafando, como um cobertor molhado, nossa participação na grande dança. Por exemplo: se não sabemos quem somos em Cristo, passamos a acreditar que nossa vida, nossa alegria, nossa plenitude vêm de coisas — ou de dinheiro, ou de aceitação social, ou de status. E então começamos a correr atrás dessas coisas. E, nessa corrida, quase destruímos nossos casamentos, nossos relacionamentos, a vida de outras pessoas... e até mesmo a criação. Começamos a viver como se fôssemos órfãos, como se tudo dependesse de nós. Entramos num modo de sobrevivência, tentando construir uma identidade, conquistar um lugar, fazer com que os outros nos valorizem. E assim vamos nos perdendo — e perdendo uns aos outros no processo.

Há, claramente, outro fator em jogo na equação das nossas vidas — um fator sombrio e traiçoeiro — além da realidade da nossa inclusão na vida Triúna. E precisamos lidar com isso com sinceridade. Precisamos entender quem é que nos confunde e nos lança em tanta escuridão. Precisamos entender a lógica da confusão: como ela funciona, o que ela faz conosco e como distorce a nossa participação na grande dança. Mas não estamos em posição de enfrentar tudo isso até estarmos firmados nos fatos. Só quando entendemos quem somos em Cristo é que temos luz para discernir o que está errado — e como isso pode ser curado. Só quando nos vemos não do lado de fora, mas por dentro; não como excluídos, mas incluídos; não como sozinhos, mas entrelaçados em Jesus Cristo — é que enxergamos a luz que expõe a grande mentira do mal: a ideia de que estamos separados de Deus. E só então conseguimos perceber como essa mentira opera em nós.

Antes de tudo, precisamos estar convictos de uma verdade:

nossa inclusão na grande dança da Trindade não é um objetivo a ser alcançado. É a realidade. É assim que as coisas são. E precisamos aprender a ver a nós mesmos e aos outros como realmente somos — não apenas seres humanos seguindo seus próprios caminhos, mas pessoas envolvidas na comunhão, na camaradagem, na glória, na alegria, no amor e na vida do Pai, do Filho e do Espírito.

## A Trindade, a Agricultura e a Construção de um Lago

No ano passado, eu ia falar numa faculdade no interior dos Estados Unidos. Um jovem foi me buscar no aeroporto e começamos a dirigir pelo campo. Por quilômetros e quilômetros, não víamos nada além de fazendas. Passamos por campo após campo, e em cada um deles havia pelo menos um, senão dois ou três agricultores arando a terra. O estudante me contou que, depois da faculdade, esperava ir para o seminário e, eventualmente, entrar para o ministério. Imediatamente, perguntei a ele sobre todos os agricultores que vimos—e, mais especificamente, sobre como Jesus se relacionava com aquilo que eles faziam com suas vidas—com as muitas horas que passavam em seus tratores, arando, plantando e colhendo. Ele disse que nunca tinha pensado nisso. Pensei comigo mesmo: "Aqui estão homens que passam 60 ou 70 horas por semana, ou até mais, trabalhando no campo, produzindo alimento para milhões de pessoas—alimento pelo qual muitos darão graças a Deus. E aqui está um bom estudante evangélico, com os olhos voltados para o ministério, e ainda assim nunca pensou sobre como Jesus se relaciona com esses agricultores—pessoas a quem, muito provavelmente, ele irá pregar o evangelho."

No verão de 1999, participei da construção de um lago de 16 hectares voltado para pesca esportiva. Fui contratado como consultor de design de lago por um amigo que liderava o projeto. Era uma empreitada enorme—de fazer a mente girar. Primeiro veio a ideia em si, e os dias e dias de busca pelo terreno certo. Depois veio o projeto como um todo, o plano-mestre—com engenharia, estradas, lotes, abastecimento de água e exigências de esgoto. Depois veio o design do lago em si, com suas trincheiras, montes, tocos submersos, áreas delicadas para a reprodução dos peixes e diferentes profundidades de habitat. E então, toda a questão do financiamento. Horas e horas, dia após dia, de telefonemas, pesquisas, planejamentos e reuniões.

Quando chegou o dia de iniciar as obras, foi uma cena incrível. Topógrafos, engenheiros, operadores de escavadeiras, tratores, caminhões, madeireiros—todos soltos naquele pedaço de terra. Milhares de metros cúbicos de terra precisavam ser movidos. Durante os primeiros meses, caminhão após caminhão levava terra embora. Escavadeiras, tratores e niveladoras trabalhavam do nascer ao pôr do sol. Árvores foram cortadas e vendidas, outras empurradas para grandes pilhas no fundo do lago. Trincheiras profundas foram abertas, montes construídos, toneladas de canos de concreto e pedras de contenção foram transportadas. Dia após dia, a represa começou a surgir, e o desenho dos lotes começou a tomar forma.

Tive o privilégio de estar no meio de tudo isso por vários meses. Vi o projeto passar da mente para o papel, e do papel para a realidade—pela força do trabalho humano e de suas máquinas. Sempre fazia calor. Sempre tinha suor e frustração, algo sempre dava errado ou quebrava. Mas, no meio de tudo, havia uma alegria inconfundível. Homens feitos e maduros trabalhavam até os ossos, todos os dias, cobertos de poeira, graxa e barro. Mas, sem exceção, amavam o que faziam. De algum modo, sabiam que, embora não ocupassem posições executivas de prestígio, estavam envolvidos em algo importante, real, valioso. Quase todo dia eu pensava no fato de que, em breve, aquele lugar se tornaria um bairro, com casas, crianças brincando, gente pescando—e alguns, talvez, parando por um instante para agradecer a Deus por um lugar assim.

Um dia, estava conversando com o homem responsável por toda a parte de movimentação de terra—das estradas às trincheiras do lago, das demarcações dos lotes até a construção da represa. Gostei dele de cara. Era barulhento, cheio de opiniões e vida. Acho que nunca conheci alguém que amasse tanto o que faz. Estávamos fazendo uma pausa do calor e discutindo alguns detalhes do projeto do lago. Ele me perguntou com o que eu trabalhava. Sabia que, no momento em que dissesse que era do ministério, a conversa acabaria ali. Então fui por outro caminho. Disse que era escritor. Claro que ele perguntou sobre o que eu escrevia. Respondi que estava trabalhando num livro novo sobre como Deus se relacionava com aquele projeto do lago.

Ele ficou paralisado, olhando para mim como uma vaca que encara uma porteira nova, para usar uma expressão de Lutero. Perguntou o que diabos eu queria dizer com aquilo. Então mergulhei na explicação: que Deus não é um tipo religioso entediado lá no céu, de olho em nós para ver se estamos obedecendo Suas regras. Deus vive como Pai, Filho e Espírito em um círculo de vida criativa, comunhão e alegria. E logo emendei a segunda parte: o que todos nós estávamos fazendo naquele projeto era, na verdade, participar dessa criatividade e comunhão. O Pai, o Filho e o Espírito não precisam que a gente pense num lago, nem que o desenhe, financie ou construa. A ideia, o projeto, o pensamento, o trabalho—tudo começa com Eles. Mas, embora não precisem de nós, Eles adoram compartilhar o que estão fazendo, nos incluir em seus planos, nos dar um papel em suas obras como mãos, pés e operadores de terra.

Foi até aí que consegui ir, porque o homem da terra me interrompeu e começou seu próprio sermão. Pegou a visão imediatamente e saiu falando. Disse que entendia o que eu estava dizendo e que sempre suspeitou que era assim mesmo. Não necessariamente compreendia a Trindade, mas entendia, de forma instintiva, a ideia de participação—e a dignidade e alegria disso tudo. E ele sabia que essa alegria e essa dignidade vinham de algo maior que ele mesmo.

No dia seguinte, levei os filhos para a escola, e enquanto esperávamos na fila do carro, um caminhão de leite passou e parou numa entrada lateral. Um homem de meia-idade saltou da cabine e praticamente correu até a parte de trás do caminhão. Pelo que pude ver, ele estava até assobiando. Observei enquanto ele descarregava engradado após engradado de leite e suco de laranja. Mais uma vez, uma sequência de perguntas invadiu minha mente: "Será que esse homem é só um tipo de Coelhinho Energizer da vida, um robô que Deus fez, colocou uma bateria, ligou e deixou rodando sozinho? Será que é só um homem comum, de meia-idade, ganhando a vida? Ou será que há mais acontecendo aqui do que conseguimos enxergar?"

Deus não precisa que esse homem entregue leite. Ele não precisa dos produtores de leite, nem dos agricultores que plantam a comida para as vacas. Aliás, Ele nem precisa das vacas leiteiras. Não precisa dos designers dos engradados, nem dos fabricantes de garrafas, nem dos trabalhadores da indústria automobilística, nem dos homens nas plataformas de petróleo no Golfo que produzem a gasolina para o caminhão. Ele não precisa dos mecânicos que mantêm o caminhão funcionando, nem das secretárias que organizam os horários e os papéis. Ele não precisa dos professores para ensinar, nem dos diretores para administrar a escola, nem dos cozinheiros para preparar o almoço, nem dos zeladores para manter tudo funcionando. Não precisa dos policiais para manter o trânsito ordenado, nem da senhora sorridente que recebe as crianças na porta dos carros. Não precisa dos locutores de rádio que nos fazem rir, nem dos músicos que nos entretêm enquanto esperamos. Ele não precisou dos engenheiros e arquitetos que projetaram a escola, nem dos trabalhadores que a construíram, nem dos madeireiros que cortaram as árvores, nem dos operários que fizeram os blocos de cimento, nem dos motoristas que transportaram os caminhões. Ele não precisa da mulher que corta e limpa frango, dia após dia, para alimentar as crianças. Ele nem mesmo precisa de maridos e esposas para gerar os bebês. Seria fácil para o poder criativo do Pai, do Filho e do Espírito simplesmente dizer a palavra e tudo existir. Mas o Pai, o Filho e o Espírito são comunhão viva, e tudo neles gira em torno de relacionamento, de vida partilhada—e Eles se alegram em incluir simples seres humanos em Sua obra. E há muito mais acontecendo em um momento comum de um dia comum neste planeta do que jamais imaginamos.

Alguns dos homens que trabalharam naquele projeto do lago, e a maioria das pessoas que vi no dia seguinte ao deixar as crianças, provavelmente irão à igreja no domingo. E apostaria que a maioria vai sair se sentindo culpada por "não estar fazendo o suficiente para Deus."

## A Encarnação Revisitada

Precisamos voltar à encarnação. Já vimos que a encarnação do Filho de Deus significa, antes de tudo, a entrada da vida trinitária de Deus na existência humana. Não foi apenas Deus, como uma divindade abstrata ou uma força impessoal, que se fez homem. Foi o Filho amado, o eterno Filho do Pai. E não foi qualquer tipo de vida divina que veio habitar entre nós. Foi nada menos que a vida eterna compartilhada pelo Pai, o Filho e o Espírito. O que entrou em nosso mundo e assumiu nossa existência humana em Jesus Cristo foi nada menos do que essa grande dança de vida entre o Pai, o Filho e o Espírito. A vida de Jesus Cristo é, antes de qualquer coisa, a expressão dessa vida trinitária vivida dentro da existência humana.

Também vimos essa vida trinitária sendo vivida dentro de três contextos específicos: dentro da pele de Adão — ou seja, dentro da condição humana devastada pela Queda; dentro do domínio da confusão e da opressão do mal; e dentro da aliança entre Deus e Israel — especialmente dentro da falha de Israel em corresponder a Deus com fidelidade e comunhão. Além disso, vimos que viver essa vida trinitária nesses contextos significou guerra, dor, sofrimento e lágrimas por parte do Filho encarnado. Mas no fim, significou a grande conversão da existência adâmica para Deus, a vitória total e viva sobre o mal, e o cumprimento pleno da aliança entre Deus e a humanidade.

Mas agora, precisamos voltar à encarnação mais uma vez. Precisamos olhar de novo para o que realmente aconteceu quando essa grande dança de vida entre o Pai, o Filho e o Espírito se encarnou e começou a se expressar dentro da existência humana. No mínimo, se pararmos para pensar, houve um momento na história em que a carpintaria foi algo muito além de uma simples profissão humana.

O que fazer com o fato de que o Filho de Deus, ao viver sua filiação, sua vida divina, o fez como carpinteiro? Pense nas horas e horas passadas na oficina. Os anos de aprendizado. Os dias, os meses, os anos martelando, cortando, esculpindo, lixando. O que fazemos com o fato de que a maior parte do tempo de Deus na

Terra foi dedicada a atividades tão comuns, tão cotidianas? Você já pensou nisso? A maior parte do tempo que Deus passou na Terra não foi em algo que hoje se chamaria de "ministério em tempo integral." O Filho encarnado passou mais tempo fazendo coisas com as mãos do que pregando.

Quando a vida trinitária de Deus se encarnou na humanidade, ela se manifestou de forma muito comum, muito ordinária. Eu sei dos milagres sobrenaturais que aconteceram em Jesus. Eu sei dos sinais surpreendentes. Mas arrisco dizer que o Filho de Deus fez mais refeições do que milagres. Sei que Ele curou os enfermos, mas também sei que construiu muitas mesas. Teve muitas conversas com pessoas comuns, cresceu numa família com irmãos, irmãs e primos, comemorou aniversários, foi a festas.

Por pelo menos um momento na história, o riso humano, o compartilhar humano, a compaixão, o amor, a amizade, o convívio e a comunhão foram mais do que simplesmente humanos. Por pelo menos um momento na história, a carpintaria — o prazer de criar algo, de ajudar alguém, a excelência humana e a alegria de projetar, construir, moldar do início até a obra finalizada — tudo isso foi mais do que humano. Foi a expressão viva da humanidade de Deus. Foi o Filho encarnado vivendo sua filiação divina. Foi a vida de um homem absolutamente imerso no Espírito Santo.

## A Encarnação Acabou?

A boa notícia é que a encarnação não acabou. O Filho não voltou a algum tipo de estado divino sem corpo, sem humanidade, na ascensão. Ele não deixou para trás a "roupa" da humanidade quando subiu ao Pai. Hoje — e por toda a eternidade — Ele vive como o Filho amado do Pai, *encarnado*. Hoje e para sempre, Ele vive Sua filiação como ser humano. Hoje, e por toda a eternidade, Jesus Cristo participa da Grande Dança como um homem. *E* não como qualquer homem, mas como o mediador. Ele participa da Grande Dança como Aquele em quem toda a raça humana está entrelaçada, como o ponto de conexão, como a união entre a vida trinitária e a existência humana. Ele continua vivendo Sua filiação, hoje e para sempre, como um ser humano — só que agora não faz isso *sozinho*, mas em união conosco. Em nós, por meio de nós. Naquilo que fazemos no trabalho e no lazer, no jardim, nas nossas relações, amizades, nos casamentos e nos romances, na medicina e no ensino, na carpintaria e na arquitetura de lagos, no trator que move a terra, no serviço social, nas pesquisas, nos estudos e nas missões para salvar baleias.

É humano demais pra gente enxergar. Perto demais. Real demais. Ordinário demais. A gente transformou Jesus num espectador que assiste de longe — e por isso não fazemos ideia de quem somos nem do que está acontecendo dentro da nossa vida comum. Tão ocupados procurando o sobrenatural, que nem conseguimos ver quando ele está bem na nossa frente. Será que a gente realmente acredita que o amor pelos nossos filhos, o encanto com flores, com o cheiro de terra molhada e planta crescendo, nossa criatividade, nossa intuição, nosso cuidado com os outros — e até nossas lágrimas — nasceram sozinhos dentro da gente?

Alguns anos atrás, eu estava no montinho, jogando beisebol com doze meninos. A maioria deles mal sabia jogar, mas estavam todos encantados. Eu via o brilho nos olhos, a vontade de aprender, a camaradagem entre eles. E eu amava estar no meio daquilo. Mas lá dentro de mim, tinha uma briga acontecendo. Uma parte de mim estava feliz, e a outra parte se sentia culpada. Eu era pastor, afinal. Devia estar orando pelas pessoas, visitando enfermos, trabalhando no sermão — ou no mínimo, falando de Jesus pra esses meninos, tentando salvá-los. Bem no meio desse conflito, ouvi a voz de Deus. Baxter, não ouse perder isso.

Não ouse ignorar o que está acontecendo aqui, nesse campo, com esses doze garotos. Tem mais da Minha glória aqui, mais da Minha vida, mais da comunhão que compartilho com Meu Pai, mais do Espírito de filiação, mais da dança livre da Trindade aqui neste campo do que você já viu em muitos cultos estéreis de igreja. Baxter, não seja cego. A Grande Dança está presente. Não ausente.

Jesus Cristo está, de fato, vivendo Sua filiação, Sua grande dança de vida e comunhão com o Pai, Seu batismo no Espírito — mas Ele não vive isso sozinho. Ele vive isso em nós, com a gente, através da nossa vida cotidiana. E é por *isso* que a gente ama tanto viver. É por isso que a gente ama beisebol e jardinagem, pescaria, churrasco e tomar um café com os amigos. É por isso que a gente ama construir coisas, contar piadas, rir até doer a barriga, amar e ser amado, se apaixonar, fazer amor. É por isso que a gente ama aventuras, corrida de carro, cuidar de animais. O Pai, o Filho e o Espírito não dançam sem a gente. A Grande Dança do Deus Triúno é o rio que corre por tudo isso. E é boa.

## A Fé Cristã

A fé cristã não é algo que a gente faz pra "se conectar" com Deus, ou pra entrar na roda da vida que o Pai, o Filho e o Espírito compartilham. Jesus já fez isso. A fé não é algo que nos muda da coluna de "não perdoados" para a de "perdoados". Isso já aconteceu em Jesus. Fé não é a ação que nos reconcilia, nos justifica, nos inclui, nos adota, nos redime ou nos salva. Jesus Cristo já fez tudo isso. A essência da fé cristã é a descoberta. A fé, como disse Lutero em algum lugar, "é como os olhos: não criam o que veem — apenas veem o que está lá."

A fé cristã é, antes de tudo, a descoberta do que o Pai, o Filho e o Espírito fizeram com a raça humana em Jesus Cristo. Fé é descobrir que ali e então, em Jesus, já fomos reconciliados, salvos, adotados; que ali e então, em Jesus, já fomos purificados e nascemos de novo; já fomos recriados, trazidos pra casa do Pai. Fomos acolhidos por Deus, abraçados, aceitos, incluídos na roda da vida. Fé cristã é, acima de tudo, a descoberta da verdade em Jesus — a verdade sobre Deus e sobre nós, a verdade da nossa identidade, a verdade de quem realmente somos: a descoberta de que o Pai, o Filho e o Espírito não vivem Sua dança de vida sem a gente.

E essa descoberta exige algo de nós. Exige que a gente acredite que é verdade — e que repense absolutamente tudo o que achávamos que sabíamos sobre nós mesmos, os outros, e a vida. Essa descoberta nos chama a viver com dignidade, alegria e liberdade — e a não olhar mais ninguém segundo a carne, como disse Paulo[41], a não ver ninguém como "mero ser humano".

---

41 Veja 2 Coríntios 5:16.

Como diria C. S. Lewis: "Não existem pessoas *comuns*."[42]

---

42  C. S. Lewis, "The Weight of Glory" / "O Peso da Glória", em *The Weight of Glory and Other Addresses* / *O Peso da Glória e Outros Discursos* (Nova Iorque: Simon & Schuster, A Touchstone Book, 1996), p. 39.

# 4

# Lendas em Nossas Próprias Mentes:

## A escuridão e como a dança é distorcida

*Tantas pessoas andam por aí com uma vida sem sentido. Parecem meio adormecidas, mesmo quando estão ocupadas fazendo coisas que acham importantes. Isso acontece porque estão correndo atrás das coisas erradas.* — Morrie Schwartz[43]

*A vida humana se torna uma corrente ininterrupta de movimentos ditados pelo desejo ansioso de garantias...* — Karl Barth[44]

Por trás do universo e da raça humana está a impressionante generosidade da Trindade. Em pura graça, o Pai, o Filho e o Espírito escolheram não viver a grande dança da vida sem nós. Escolheram não guardar para si a própria glória, mas compartilhá-la — compartilhar sua comunhão e amizade, seu amor e risos, sua criatividade, dignidade e excelência conosco. Escolheram viver tudo isso em união com a humanidade.

A grande dança, estendida a nós em Jesus Cristo, é o segredo da nossa maternidade e paternidade, dos nossos amores e alegrias. É a glória do trabalho — construir lagos, pintar casas, fazer compras no mercado, preparar o jantar. É a alegria do beisebol e a alma de tudo o que é bom na vida: a música, o riso, a amizade, o companheirismo. A grande dança compartilhada pelo Pai, Filho e Espírito é o mistério que se move nos bastidores da nossa existência — é o rio invisível que atravessa nossas almas e tudo o que existe.

Já enfatizei que isso não é um objetivo a ser alcançado, nem

---

43  Mitch Albom, *Tuesdays with Morrie / A Terça-Feira com Morrie* (Nova Iorque: Doubleday, 1997), p. 43.
44  Karl Barth, *Church Dogmatics / Dogmática da Igreja* (Edimburgo: T & T Clark, 1958), IV/2, p. 469.

um sonho a ser realizado. É a realidade. Não existem dois mundos ou duas humanidades — uma criada pela Trindade e participante da grande dança, e outra simplesmente humana, comum, secular. Existe uma só raça humana: aquela que foi atraída para dentro do círculo da Trindade em Jesus Cristo. Portanto, não há nada de comum na nossa existência. Ela está impregnada da relação entre o Pai, o Filho e o Espírito.

Essa dádiva estonteante, essa união, essa vida compartilhada conosco em Jesus Cristo, não significa que nos tornamos Deus ou que Deus se torna a gente. Isso seria nossa ruína, pois implicaria sermos absorvidos de tal forma em Deus que já não existiria mais um "nós" para participar da dança. Esse é o velho problema do panteísmo: ele colapsa a distinção entre Deus e o mundo em uma só entidade, de modo que o mundo, na prática, desaparece. Os seres humanos perdem sua identidade pessoal distinta, como uma gota d'água ao cair em um rio. No outro extremo está o deísmo, que separa Deus e os seres humanos. Se o panteísmo apaga a distinção entre Deus e o mundo, o deísmo elimina qualquer conexão ou relação significativa entre eles. Com o deísmo, Deus é um espectador distante e a existência humana é apenas isso: meramente humana, vazia, sem propósito e efêmera. No panteísmo, somos pouco mais que computadores rodando um software divino. No deísmo, somos versões descartáveis do Coelhinho Energizer—e eventualmente nossa bateria acaba.

O curioso é que tanto o panteísmo quanto o deísmo acabam no mesmo desastre: uma humanidade verdadeiramente perdida. Ou por separação radical de Deus, resultando em não existência; ou por fusão total com o divino, resultando em uma bem-aventurança eterna—mas uma bem-aventurança que nunca conheceremos de verdade. É a genialidade da Trindade que encontra um modo de nos dar um lugar real na vida trinitária sem nos perder no processo. Estamos conectados à Trindade, mas não absorvidos; unidos, mas para sempre distintos. Assim, não somos nem máquinas programadas nem criaturas biológicas independentes. Somos participantes genuínos da vida de Deus.

Sem essa união, a raça humana evaporaria—e com ela tudo que é bom, nobre e belo na existência humana: o amor, a paixão, a criatividade, a alegria, a aventura, a busca por conhecimento, tudo. A união, forjada em Jesus Cristo, nos dá um lugar na vida trinitária. E a distinção garante que haja um verdadeiro "nós" para vivê-la. Foi uma jogada generosa e brilhante de Deus. E, aparentemente, a única possível, já que o desejo divino era estender a *dança* a *nós*. Mas também foi uma jogada cheia de riscos.

A união nos dá existência e um lugar na grande dança; a distinção garante que há um "nós" aqui para sentir e saborear isso. Mas essa distinção irredutível também deixa espaço para que percamos de vista o sentido verdadeiro. Sem distinção, tudo seria tão fundido em Deus que perderíamos a identidade pessoal. A distinção preserva nossa participação genuína. Mas ela também torna possível que percamos o rumo. Torna possível que sejamos profundamente confundidos, que creiamos de forma distorcida e acabemos pervertendo nosso verdadeiro ser. É possível, por sermos distintos de Deus, que estejamos tão confusos sobre quem somos que passemos a agir contra nossa própria essência.

O grande problema que enfrentamos como seres humanos não é termos sido deixados de fora da dança, rejeitados ou abandonados. Pois em Jesus Cristo, o Deus Triúno nos buscou pelos confins do universo, nos encontrou, removeu toda alienação e nos trouxe de volta para casa. O verdadeiro problema é a possibilidade da *escuridão*, e o que a escuridão faz com nossa participação nessa vida trinitária—o que fazemos à grande dança quando estamos na escuridão.

## O Plano Sinistro

No prefácio original de *Cartas de um Diabo a seu Aprendiz*, C. S. Lewis diz que os seres humanos cometem dois erros sobre o diabo: ou tratam a ideia como mito ultrapassada, ou se fixam nela demais.[45] O diabo, ao que tudo indica, é um anjo caído e é real— não real como o Pai, o Filho e o Espírito, mas real no sentido de ser perigoso. No fim das contas, o diabo não passa do Mágico de Oz: um velho operando uma ilusão. Mas é uma ilusão que pode nos escravizar e causar destruição real aqui na terra.

---

45 C. S. Lewis, *The Screwtape Letters* / *Cartas de um Diabo a seu Aprendiz* (Nova Iorque: Simon & Schuster, Touchstone Edition, 1996), p. 15.

É inconcebível, mas o maligno odeia a Trindade. Ele odeia a grande dança. E mais que tudo, odeia ver essa dança acontecendo aqui na Terra, em mim e em você. O objetivo do maligno—Diabolos—é destruir a dança de vida compartilhada pelo Pai, o Filho e o Espírito neste planeta.

O maligno não pode mudar os fatos. Ele não consegue nos arrancar dos braços do Pai. Não é páreo para o Deus Triúno. Não pode romper a união entre nós e a vida trinitária forjada em Cristo. Nem pode criar outra raça humana que exista sem essa conexão. Existe apenas uma raça humana: aquela ligada à vida trinitária em Jesus Cristo. O maligno só pode tentar distorcer, perverter ou envenenar nossa participação. E ele não pode fazer isso sem nossa permissão, nossa decisão, nossa escolha. Sua estratégia é nos confundir para que, mesmo sem perceber, passemos a agir contra nossa própria participação na dança. Seu campo de atuação é o seu "eu" irredutível—especialmente sua mente. Seus esquemas são calculados para enganar. E o alvo principal de sua estratégia é o nosso entendimento de quem somos—nossa identidade.

Consigo imaginar um memorando, no estilo de Screwtape, enviado por Diabolos a seus subordinados: "Seja o que for que vocês façam, garantam que os humanos permaneçam cegos quanto à sua verdadeira identidade. Deixem que falem de Deus e até de Jesus Cristo, se for preciso, contanto que não percebam que Cristo já os abraçou e os levou ao Pai. Que não vejam que Ele os trouxe para dentro do círculo e lhes deu um lugar na dança. Mantenham-nos na escuridão sobre quem realmente são. Quando estiverem confusos sobre sua identidade em Cristo, perderão o senso de propósito, o significado e a dignidade de suas vidas. E aí, já era. Depois é só sugerir que aquilo que buscam está nesta pessoa, naquele emprego, naquela promoção, carro, dinheiro ou aventura sexual. Como pássaros para a armadilha, irão direto para a idolatria. E a glória dada a eles será pervertida em vazio e conflito. A dança será distorcida. Paralisada."

Nosso maior problema como seres humanos não é termos sido deixados de fora. É que não fazemos ideia de quem somos e do que nos aconteceu em Jesus Cristo. Fomos enganados—sobre Jesus e sobre nós mesmos. Compramos uma mentira, estamos confusos. Subestimamos Jesus Cristo. E por isso, julgamos mal quem somos e o que está realmente acontecendo em nossas vidas cotidianas.

Subestimar Jesus, e com isso, não entender quem somos, transformou o Ocidente em uma cultura de ansiedade e angústia. Esses dois enganos mergulharam a Europa, a América e a Austrália numa crise de identidade e numa corrida frenética para inventar um novo eu. Isso deixou você com uma ansiedade profunda e o colocou numa jornada para "se encontrar"—e, no processo, você está perdendo sua verdadeira glória e sua verdadeira vida em Cristo.

O mundo ocidental é saudável, poderoso e educado. Temos todas as conveniências, conforto e abundância de bens. Mas perdemos a liberdade de desfrutar qualquer uma dessas coisas. Estamos tão ansiosos, tão ocupados tentando encontrar sentido, que ignoramos nossa verdadeira glória—e nem a vemos, quanto mais a vivenciamos.

Somos como a criança na feira que percebe que se perdeu dos pais. Está no meio de tudo que uma criança sonha—brinquedos, jogos, prêmios, algodão-doce. Mas por dentro está em pedaços, cega para tudo ao redor e sem a mínima liberdade para curtir o que está bem à sua frente.

Nosso maior problema não é termos sido deixados de fora. É não sabermos quem somos. Uma confusão traiçoeira se instalou e não conseguimos enxergar o que está diante de nossos olhos. Ou até vemos, mas não reconhecemos o que vemos. É por isso que Paulo ora, em Efésios 1, para que o Pai da glória nos conceda o Espírito de revelação, para que os olhos do nosso coração sejam iluminados e possamos ver, entender e conhecer quem somos e a plenitude que nos foi dada em Cristo.

## Uma História de Cegueira

Deixe-me contar uma história do romance de C. S. Lewis, *Até Que Tenhamos Rostos*,[46] que pode nos ajudar a entender nosso

---

46 C. S. Lewis, *Till We Have Faces / Até que Tenhamos Rostos* (Nova Iorque: Harcourt, Brace and Javanovich, Publishers, 1980). Veja também o capítulo 13: "How the Dwarfs Refused to Be Taken In" / "Como os Anões se Recusaram a Ser Enganados" em *The Chronicles of Narnia, vol. 7: The Last Battle / As Crônicas de Nárnia, vol. 7: A Última*

dilema. A história se passa na antiguidade e gira em torno de duas irmãs, Orual e Psique. Elas são princesas no reino de Glome, um lugar imaginário próximo da Grécia antiga. Tudo vai bem no reino. A vida é boa. Mas então, após uma série de fomes, o sacerdote da deusa Ungit vem até o rei com uma notícia horrível: Psique deve ser sacrificada à deusa.

Em poucos dias, Psique é drogada, e o reino inteiro forma uma procissão sagrada até a árvore sagrada, onde ela é acorrentada e deixada para ser devorada pela "sombrafera". Dias depois, Orual, mergulhada em tristeza, caminha até a árvore, decidida a dar um enterro digno aos restos mortais de Psique. Mas ao chegar lá, não encontra nenhum sinal dela. Sem sangue, sem ossos, sem fragmentos de roupa. Nada.

Orual vagueia até o rio, chorando. E ali, sob uma folha, encontra o anel de rubi de Psique. Enquanto tenta entender o que aquilo significa, ouve uma voz. Levanta os olhos e vê, do outro lado do rio... Psique!

Ela fica atônita. Não sabe o que pensar. Seria mesmo Psique? Um fantasma? Um sonho? Mas não — é Psique, viva e radiante. Ainda mais bela do que antes. Orual atravessa o rio correndo e abraça a irmã. Não é alucinação. Psique está viva.

Depois de um longo abraço, Psique conta sua história: como o deus do vento oeste a salvou da sombrafera, tomou-a como esposa e a levou para viver em seu magnífico palácio. Orual, tomada de alegria por ter Psique de volta, mas achando que o trauma a enlouqueceu, escuta sua narrativa como uma mãe escuta uma história inventada por um filho pequeno.

Psique a leva alguns passos adiante para sentarem-se na relva. Sempre acolhedora, oferece-lhe uma taça de vinho, o melhor vinho, no mais belo cálice. Pergunta se Orual gosta do cálice. Ela assente, e Psique lhe dá de presente. Mas, na verdade, Orual só vê Psique juntar as mãos e oferecer-lhe água de um pequeno riacho. Ela ainda acha que Psique está em negação, e, feliz só por estar com ela, entra no jogo. Mas a história de deuses e palácios e

_Batalha_ (Nova Iorque: Collier Books, Macmillan Publishing Company, 1956) e também o brilhante livro de Lewis, _The Great Divorce / O Grande Abismo_ (Nova Iorque: Collier Books, Macmillan Publishing Company, 1946).

vestidos deslumbrantes continua.

Orual não vê palácio algum. Não vê vestidos finos. Vê Psique em trapos. Vê apenas mato, pedras, água.

Até que não aguenta mais. Se o que Psique diz é verdade, então ela, Orual, está cega. Sempre esteve. Acusa Psique de zombar dela, exige que mostre o tal palácio.

Psique, sorridente, responde com naturalidade: "Claro... vamos entrar." Orual levanta as mãos em exasperação. "Já chega!", pensa. Mas decide seguir o jogo mais uma vez e pergunta: "É longe esse palácio?" Psique então para, surpresa, e pergunta: "Longe? Longe de onde?"

Orual grita: "O palácio! A casa do teu deus!"

Psique começa a tremer. "Orual... o que você quer dizer com 'é longe'?" Orual, agora assustada, repete: "Quero saber onde fica esse palácio. Quanto falta pra chegar?"

Psique começa a chorar. Com os olhos marejados, encara Orual. "Mas... é aqui, Orual! Você está de pé nos degraus do grande portão!"[47]

Ali estavam elas, juntas, contra todas as probabilidades. Psique era real, de carne e osso. Não era sonho. Mas Orual não via nada: nem palácio, nem escadaria, nem vinho, nem cálice, nem vestidos. Só árvores, relva, pedras e um pequeno lago.

Por respeito às regras dos deuses, Orual teve que acampar do outro lado do rio naquela noite. Ao anoitecer, vai até o rio para um último gole d'água, um último olhar para o outro lado. E então, ela conta: "vi algo que fez meu coração saltar na garganta." Diante de seus olhos, o palácio. Imenso, antigo, majestoso. "Muro após muro, colunas e arcos, e arquitraves... um labirinto de beleza."[48]

Mas o vislumbre não dura. O grande palácio desaparece de sua vista, e Orual retorna à "sanidade" da visão natural. No fim, apesar daquele breve vislumbre, apesar da beleza clara e viva da vida de Psique, Orual conclui que Psique está louca. E parte de volta para Glome.

---

47  Lewis, *Till We Have Faces / Até que Tenhamos Rostos*, pp. 115-116.
48  Lewis, *Till We Have Faces / Até que Tenhamos Rostos*, p. 132.

## A Lógica da Escuridão

É difícil imaginar uma cena mais pungente ou trágica. Orual estava tão perto da verdade... e ao mesmo tempo, tão longe. Ela estava bem no centro de tudo, mas simplesmente não conseguia captar. Tudo era vago, misterioso, enigmático, anormal — como uma ilusão de ótica que aparecia e desaparecia sem explicação. Mal ela enxergava, e já sumia. Não sabia o que fazia aquilo surgir, nem o que fazia desaparecer — ou mesmo se era real.

É crucial notar que o problema ali não era ausência. O Reino estava totalmente presente, e Orual estava totalmente incluída nele. Ela não poderia estar mais perto do que já estava. Mas ela não conseguia enxergar direito. Seus olhos não eram do tipo certo. Um véu sombrio e diabólico cobria sua visão.

Na Bíblia, isso é chamado de cegueira espiritual. Um distúrbio dos olhos do coração. Um problema de discernimento — a incapacidade de perceber e compreender o que de fato está acontecendo na vida. E não começa em nós. Essa cegueira se origina no maligno. Mas a Bíblia nos diz que todos sofremos desse mal. Todos nós vivemos sob esse véu. Nós somos Orual. Todos sofremos de uma Glomite aguda! Olhamos diretamente para a glória de Deus — mas nossa visão está tão distorcida que não conseguimos enxergá-la.

Nossa cegueira já seria trágica o suficiente... mas isso é só o começo. Porque nós agimos a partir dessa cegueira. Vivemos conforme entendemos as coisas — e nossa compreensão está em trevas. Reagimos e respondemos a partir da confusão. E quando fazemos isso, a glória de Deus que nos foi dada, nossa vida em Cristo, nossa participação na grande dança, tudo isso é distorcido, abafado, mal utilizado. Ferimos a nossa vida verdadeira — e nem percebemos.

O que acontece quando não enxergamos nossa verdadeira glória em Jesus Cristo? O que fazemos quando nos vemos sozinhos, do lado de fora, sem a menor noção de quem é o verdadeiro Jesus ou da grande dança — e da nossa inclusão nela? Quando a confusão toma conta e nos faz entender tudo errado sobre quem somos? Um padrão bem claro e previsível surge do coração humano quando estamos espiritualmente confusos: a confusão leva ao anseio, o anseio leva à busca, a busca leva à invenção, e a invenção leva ao vazio — um vazio cada vez mais profundo.

Dentro de nós todos, pulsa um desejo incessante de encontrar o lar. Fomos feitos para a grande dança — e sabemos disso. Estamos repletos de uma saudade irreprimível por essa alegria. Essa saudade parece inconsolável. Ela fermenta uma certa desesperança silenciosa dentro de nós — e essa desesperança nos lança numa busca desesperada por um lar verdadeiro. Estamos convencidos de que "não somos"... e somos movidos a encontrar um caminho para "nos tornarmos". Suspeito que a maioria de nós nem faz ideia de quão profunda e preciosa essa busca é para nós — ou de quanto ela nos conduz. Mas... e quando não conseguimos encontrar o que buscamos? E quando a busca só nos leva de beco em beco, sem saída? É aí que deixamos de buscar e passamos a inventar. Porque quando você não consegue encontrar o que deseja, você inventa. Quando você não consegue enxergar a glória que já nos foi dada em Jesus Cristo, você começa a criar uma glória que consiga enxergar. Quando você não consegue ouvir a música da grande dança, você resolve compor a sua própria música. E o que acontece quando essa glória inventada se mostra vazia? Quando a música que criamos não nos leva à dança real? Ficamos vazios. Tristes. Sozinhos. Depressivos. Furiosos. Cínicos. E a grande dança da vida — que nos foi dada como presente — acaba irreconhecível.

## O Sonho

Deixe-me contar um sonho que nos ajuda a entender a lógica de como a escuridão se desenvolve. No sonho, praticamente todos os dias ao meio-dia, um homem alto e magro, com cerca de 55 anos e uma barba impecavelmente aparada, caminhava até o parque da cidade. Lá, ele se posicionava num trecho de terra batida, cercado por antigos e majestosos carvalhos, e executava um ritual com os movimentos mais estranhos e bizarros que já vi. Parecia uma versão do Barney Fife praticando *tae kwon do* em câmera lenta. Isso se repetiu por semanas. Aos poucos, outras pessoas começaram a se juntar a ele, até que, um dia, parecia que toda a cidade estava ali, seguindo seus gestos. Os movimentos continuavam bizarros, mas agora estavam em uníssono— religiosamente sincronizados—o que conferia ao ritual uma espécie de beleza curiosa.

Por fim, aquilo me venceu pela curiosidade, e fui conversar com o homem. Perguntei o que ele estava fazendo, o que eles estavam fazendo. Ele respondeu, não com leviandade, mas com cuidado e uma seriedade que revelava reflexão longa e profunda: "Estamos tentando criar vida".

A resposta me pegou completamente desprevenido, e eu não tive presença de espírito para responder. Simplesmente me afastei, com aquela sensação que se tem ao ouvir um sermão bonito, mas sem nunca conseguir entender qual era o ponto. Meu primeiro pensamento consciente foi mais ou menos assim: "Talvez seja eu quem está perdendo algo. Vai ver a piada é comigo. Afinal, quem não quer ter *vida*? E quem está plenamente satisfeito com o rumo da sua própria vida? Talvez esse homem saiba algo que eu não sei..."

Mas, ao refletir mais, minha mente se fixou na palavra "criar." Ele não disse: "Estamos tentando entender a vida", nem "estamos tentando descobrir como vivê-la." Ele disse: "Estamos tentando *criar* vida." É uma distinção simples, mas imensa. Criar algo está numa categoria completamente diferente de compreender ou melhorar. Criar algo significa que aquilo ainda não existe e que você está tentando chamá-lo à existência. Que a coisa está ausente, e você quer torná-la presente.

Mas... e se aquilo que buscamos já existe? E se já estiver aqui, e em abundância transbordante? E se o problema não for a ausência do que desejamos, mas a nossa cegueira diante da sua presença?

E se, no caso daquele homem e de seus seguidores, a vida que eles procuram já estiver ali o tempo todo, mas eles simplesmente não sabem reconhecê-la? O que esse homem precisa não é de um ritual de criação, mas de um novo par de óculos.

Voltamos a Orual e ao problema da cegueira, mas com uma reviravolta crítica: aqui, nos é revelada uma cadeia de tragédias que nasce daquilo que nunca foi visto. O homem alto não vê a glória da vida ao seu redor; por isso, ele concebe um ritual que possa criar uma vida que ele consiga ver. E lá vai ele, dedicando-se de corpo e alma ao seu nobre ritual, e arrastando outros para dentro de sua insanidade.

Mas... o que está sendo realmente criado nesse ritual? O que ele está de fato produzindo? É vida? É a grande dança? É a verdadeira glória? Ou é apenas uma ilusão? Um holograma? Uma atividade sem poder algum? E o que acontece com as pessoas que abraçam essa retórica e essa ilusão? O que acontece com os que se entregam a esse ritual, que depositam nele sua esperança, seu tempo, sua energia e esforço? Será que elas recebem, no fim das contas, aquilo que tanto buscavam? Ou será que todo o processo acaba por afastá-las da coisa real, tornando-as cada vez mais cegas à verdadeira glória—e, por isso, cada vez mais vazias e miseráveis?

Este homem alto é uma parábola da condição humana. Quando não vemos a glória, inventamos uma que conseguimos ver. E nossas invenções não passam de hologramas sofisticados. São só imitação. Elas não nos levam a experimentar a glória que já nos foi dada em Jesus Cristo. Na verdade, elas se opõem à nossa verdadeira vida em Cristo. Elas se opõem à nossa participação na dança da Trindade.

Essas invenções não são apenas distrações. Elas agravam nossa cegueira e criam em nós uma ruptura entre quem realmente somos em Cristo e o que estamos tentando fazer de nós mesmos. Elas criam uma incongruência profunda em nosso interior—uma esquizofrenia espiritual. Existe o nosso "eu real em Jesus Cristo"... e agora existe o "quem achamos que somos." Existe a nossa verdadeira vida em Cristo... e então existe a vida que estamos tentando viver. Cada passo em direção às nossas invenções aprofunda essa incongruência. Cada gesto dentro do nosso ritual bizarro dá forma, tamanho e realidade ao nosso "falso eu"— enquanto nega, sufoca e estrangula o nosso "eu verdadeiro." Criamos uma lenda na nossa própria mente, e a seguimos com tudo o que temos—e isso acaba abafando o "verdadeiro nós" e a "vida real" que nos pertence. O resultado? Ficamos vazios, tristes, solitários.[49]

## Luz na escuridão de Dona Fidget

Uma das minhas personagens favoritas nos escritos de C. S. Lewis é uma senhora chamada Dona Fidget.

> Estou pensando em Dona Fidget, que faleceu há alguns meses. É realmente espantoso como a família dela ficou mais alegre. Dona Fidget costumava dizer que vivia para a família. E isso não era exatamente mentira. Todo mundo no bairro sabia disso. "Ela vive para a família", diziam; "que esposa e mãe exemplar!" Ela lavava todas as roupas — é verdade que fazia isso mal, e que eles podiam muito bem mandar tudo para uma lavanderia, e frequentemente imploravam para que ela não fizesse mais isso. Mas ela fazia mesmo assim.

> Sempre havia um almoço quente para quem estivesse em casa, e sempre um jantar quente à noite (mesmo no auge do verão). Eles suplicavam para que ela não cozinhasse tanto. Protestavam quase às lágrimas (e com razão), dizendo que preferiam refeições frias. Mas nada adiantava. Ela estava vivendo para a família. Porque Dona Fidget, como dizia tantas vezes, "trabalhava até sangrar os dedos" pela família. Eles não conseguiam impedi-la. E também não conseguiam — sendo pessoas decentes — simplesmente ficar sentados vendo ela se esgotar. Tinham que ajudar. Na verdade, estavam sempre tendo que ajudar. Ou seja, faziam coisas por ela, para ajudá-la a fazer por eles coisas

---

49 Note o comentário de Frederick Buechner: "...tentamos nos tornar algo que esperamos que o mundo goste mais do que aparentemente gostou do eu que originalmente éramos. Essa é a história de toda a nossa vida, naturalmente, e no processo de viver essa história, o eu original, cintilante, fica enterrado tão profundamente que a maioria de nós acaba quase não vivendo a partir dele. Em vez disso, vivemos todos os outros eus que estamos constantemente colocando e retirando, como casacos e chapéus contra o clima do mundo" (*Telling Secrets* / *Contando Segredos*, [São Francisco: Harper, 1991], p. 45).

que eles não queriam que fossem feitas.[50]

O problema de Dona Fidget não era o casamento, nem os relacionamentos, nem a maternidade. O problema de Dona Fidget era a forma como ela se via.

O maligno sussurrou ao ouvido dela que ela não era especial, que não era aceitável como era, que não era boa o bastante. Ele sussurrou suas mentiras dizendo que ela estava do lado de fora da glória e da vida, excluída, distante do que realmente importava. E ela acreditou nesse sussurro. Ela acreditou que "não" era. Então, sonhou um sonho de "tornar-se". O que ela fez? Ela inventou um ideal, uma lenda dentro da própria mente. Acreditou que, se conseguisse atingir aquele ideal, *então* se tornaria alguém, *então* seria aceitável, *então* estaria viva de verdade, incluída na glória.

Consegue perceber o que isso significa? Dona Fidget não amava sua família. Ela amava a si mesma e o sonho que inventou. Não era a família que era o mundo dela. Era o ideal. A lenda. Ela não trabalhava até os ossos pela família. Ela se esgotava por causa do seu sonho de tornar-se. A visão que ela criou se tornou tudo para ela, e estava presa a ela — escravizada por ela. E arrastou a família para dentro dessa escuridão, manipulando todos para que participassem da sua lenda — independentemente do que eles queriam ou precisavam. E a dança da Trindade, aquela que foi dada a ela e à sua família — a glória verdadeira deles — foi envenenada. Silenciada. Apagada. A tal ponto que sua família "ficou mais alegre" quando ela, finalmente, partiu.

## Dona Fidget e a Raça Humana

Dona Fidget, assim como o homem alto de nossa ilustração, é uma imagem da raça humana — de mim e de você. O que aconteceu com ela é um retrato do que acontece conosco na nossa escuridão. Caímos nas mentiras do maligno. Acreditamos em seu sussurro dizendo que "não somos": que não somos aceitos, que não somos especiais, que não temos importância, que estamos do lado de fora da glória, que não fazemos parte do que é real, que ainda não estamos vivos de verdade. Então fazemos o que Dona

---

50  C. S. Lewis, *The Four Loves* / *Os Quatro Amores*, Harcourt Brace, 1991, pp. 48-50.

Fidget fez. Inventamos uma glória, um ideal, uma lenda em nossa mente. Sonhamos um sonho que acreditamos que vai nos dar vida. Conjuramos uma identidade que supostamente resolverá o enigma das nossas vidas. A Bíblia chama isso de "idolatria", porque o que estamos criando é, na prática, um deus — algo que esperamos que nos entregue o que achamos que nos falta.

A maioria das pessoas, acredito, nem sabe o que se passa dentro delas. Não percebem o sussurro. Não enxergam o engano. Não se dão conta de que estão tentando se reinventar, vivendo uma vida lendária. E a maioria, com certeza, não se vê como alguém aprisionado. Dona Fidget também não se via assim. Ela estava convencida de que vivia para sua família. Mas não era verdade. Ela vivia para o seu sonho e, nesse processo, interrompia a dança da Trindade que lhe havia sido dada — a ela e à sua família.

Uma jovem se casa com estrelas nos olhos. Sem perceber, ela deposita todas as suas esperanças no marido. Ela acreditou na mentira de que "não é" — e agora está usando o casamento como o caminho para "se tornar". Está inventando um relacionamento que, segundo ela, vai fazê-la se sentir viva. Está impondo essa lenda ao marido. No começo, ele faz o possível para suprir suas necessidades, como a maioria dos maridos jovens. Isso até o faz se sentir importante, por ser tão necessário. Ele se entrega. Mas, de forma estranha, nunca é suficiente. Nunca funciona de verdade. Nos primeiros anos, ele tenta ainda mais, e ela continua esperando que, um dia, tudo mude — que o casamento vire aquilo que ela sempre sonhou. Mas, com o tempo, ele sente uma pressão imensa, insuportável. Sente-se preso. Seja lá o que ele deveria ser para ela, ele não consegue ser. Ela, por sua vez, se sente invisível, desvalorizada, rejeitada e, por isso, frustrada e com raiva. A dança é interrompida.

Provavelmente, ela carrega esse sentimento de insignificância e raiva para a maternidade, para o trabalho, para outros relacionamentos — e não é difícil imaginar que ela projete sobre os outros homens aquilo que acha que faltou no marido. Acaba pintando todos com o mesmo pincel, por assim dizer, e semeando escuridão por onde passa. Do mesmo modo, o jovem marido leva o peso da sua inadequação para o trabalho, e isso vira uma necessidade insaciável de provar seu valor — seja pelo desempenho, pelo dinheiro ou pelo crescimento da empresa. E se ele ocupa um cargo de liderança, gerenciando uma equipe de vendas de cinquenta pessoas, não é difícil imaginar como uma pequena mentira estratégica pode causar estragos em um casamento e rolar como um carrinho desgovernado pela vida das pessoas.

O problema não é o casamento. O problema é que somos como aquela criança na feira, e tentamos fazer de um casamento lendário a nossa salvação. Somos Dona Fidget. E quando impomos nossas lendas, nossos sonhos de nos tornarmos alguém, nossas agendas secretas aos nossos relacionamentos — quando manipulamos os outros para que participem da nossa fantasia — os relacionamentos reais são frustrados, a comunhão se rompe. A dança é interrompida.

O mundo ocidental está cheio de homens adultos que não fazem ideia de quem são. Foram enganados. Acreditam que "não são". E sonharam um sonho de se tornarem. Inventaram uma lenda, uma glória falsa. Voltaram-se para o trabalho, muito provavelmente, como o caminho que os tornaria alguém, que lhes daria dignidade. E isso significa tanto para eles, que são consumidos por isso. Quando estão em casa, não estão de fato em casa. Estão presentes fisicamente, mas tão presos ao sonho de se tornarem alguém, tão obcecados com o trabalho lendário, que não percebem a alegria de Deus escrita no coração da filha. Não conhecem seus filhos. Não enxergam suas esposas como elas realmente são. Jogam golfe toda sexta-feira como um ritual, mas são tão pressionados que nunca *jogam* de verdade. E o que acontece quando surge uma promoção e alguém atrapalha seus planos?

Alguns anos atrás, um garoto matou o amigo por causa de um par de tênis da Nike. Não sei os detalhes dessa tragédia, mas sei quem está por trás de todo assassinato. O maligno é o autor do homicídio — seja por meio de manipulação, fofoca, traição, punhaladas no ambiente de trabalho, ou literalmente tirando a vida de alguém. O caminho até aquele assassinato — e até qualquer assassinato — começa com o sussurro: "eu não sou".

Em algum momento, aquele garoto acreditou na mentira do maligno de que ele "não era". E sonhou um sonho de se tornar. Inventou uma versão lendária de si mesmo. A única identidade que encontrou veio da propaganda de uma corporação. Ele acreditou no tênis. Era tudo que ele tinha. Achava que aquilo poderia dar a ele uma identidade, torná-lo especial, torná-lo "alguém". E a crença era tão forte, a dor espiritual por trás dela tão profunda, e o desespero tão intenso, que ele estava disposto a fazer qualquer coisa — até matar o amigo — para conseguir aquele tênis.

Essa é a lógica da escuridão. Ela começa com o sussurro mentiroso do maligno: "eu não sou." Acreditamos nisso, e nos tornamos Orual, o homem alto do parque, Dona Fidget. Sonhamos um sonho. Inventamos uma glória, uma lenda em nossa mente. Trabalhamos até os ossos para alcançá-la. E, nesse esforço, não apenas deixamos de viver nossa verdadeira glória, como também, sem querer, a envenenamos, a sabotamos. Interrompemos a vida do Pai, do Filho e do Espírito — a grande dança que nos foi dada — e ferimos o nosso próprio ser.

## Dona Fidget e a Cultura Ocidental

Dona Fidget não é apenas um retrato do ser humano. Ela também é um retrato da cultura ocidental. Por trás de toda a grandiosidade do mundo ocidental, esconde-se uma profunda crise de identidade—uma crise de sentido, propósito e dignidade. Perdemos a Trindade. Perdemos o Jesus verdadeiro. O que nos restou foi apenas um Deus abstrato e distante, e Newton terminou de enterrá-lo quando imaginou um universo mecânico. Quando isso aconteceu, Deus virou um espectador, e nós perdemos o segredo da nossa identidade e o motivo da nossa existência. Foi então que a cultura ocidental embarcou numa missão para inventar uma nova identidade, criar uma nova vida, fabricar significado, sonhar alguma coisa que nos desse valor e glória. Gastamos milhões de dólares criando lendas—Jogos Olímpicos, Super Bowls, Campeonatos Mundiais—numa tentativa frenética e desesperada de fabricar glória, e não enxergamos a glória eterna no simples fato de que nossos filhos existem. Incontáveis horas e fortunas são investidas para criar a ilusão da fama, e depois ela é desfilada diante de nós como o auge da glória—mas nem nos passa pela cabeça que Deus Pai Todo-Poderoso sabe o nosso nome e gosta da gente.

A história do mundo ocidental moderno pode ser lida como uma longa e desesperada busca, que gerou uma série de invenções engenhosas—que até nos entreteram e distraíram por um instante—mas nunca satisfizeram o coração. Nunca nos entregaram a glória real. E mais: nos deixaram cada vez mais alheios à nossa vida verdadeira. A história moderna do Ocidente é o relato de uma alma ferida inventando deuses e deusas, jogos de poder e ilusões de grandeza; ritual bizarro após ritual bizarro; e uma propaganda infinita, interminável, tentando nos convencer de que o que inventamos é de fato real.

Temos tudo, mas estamos entediados até os ossos, exaustos, e mergulhados numa apatia profunda. O que temos diante de nós hoje, no Ocidente, é uma cultura de luto. Sabemos, lá no fundo, que perdemos a grande dança—e estamos de luto por essa perda. E isso é bom. Porque significa que estamos começando a enxergar através do que inventamos. Estamos sentindo o vazio, a falta de sentido. Significa que estamos a um passo de clamar por luz. E esse é o primeiro passo para sair de Glome.

## Dona Fidget e a Igreja

Dona Fidget é um retrato do ser humano, da cultura ocidental—e também, tristemente, da Igreja. A Igreja deveria ser aquela que vê a glória e sabe viver dentro dela. Mas ela está tão cega quanto o mundo. E porque não enxerga a glória, a Igreja saiu para criar uma glória visível. E então ela pega todos os grandes termos da Bíblia—o reino de Deus, a salvação, a vida abundante, o batismo no Espírito—e cola tudo isso, com confiança, em cima da glória que ela mesma inventou. Uma energia imensa é gasta tentando desesperadamente convencer a si mesma (e aos outros) de que aquilo que ela criou é real. E qualquer pessoa que ouse questionar essa glória inventada é imediatamente envergonhada por "perturbar a paz e a unidade da santa Igreja."

Mas o que acontece com as pessoas que entram no esquema? Que seguem o "negócio da Igreja"? Que fazem o que os pastores mandaram? Que acompanham o cego em seu ritual religioso bizarro? Elas encontram o rio, a dança, a glória? Não. Elas ficam tristes, vazias, entediadas, irritadas, deprimidas—e profundamente confusas em relação a Jesus. E o que acontece com os meninos e meninas que sabem, lá no fundo da alma, que existe um rio de glória fluindo pela vida, mas são ensinados que aquilo que a Igreja inventou é esse rio?

Hoje a Igreja Ocidental enfrenta um problema novo, como nunca antes em sua história. O problema da Igreja hoje é que as pessoas fizeram o que ela mandou. Elas ouviram o que os pregadores disseram. Elas seguiram o programa, o ritual religioso estranho, com seus rótulos bíblicos. E não encontraram glória nenhuma. Nenhum rio. Nenhuma grande dança. Todo mundo no mundo ocidental parece saber disso—menos a própria Igreja.

As pessoas não estão ouvindo mais a Igreja. E não é porque odeiam a Deus. É porque ouviram. Elas tentaram. Fizeram o que a Igreja disse. E ficaram vazias. Será que a Igreja de hoje está cheia de gente que já percebeu isso, mas prefere viver em negação a encarar a dor de admitir a farsa religiosa—e então encarar a dor de reencontrar a glória verdadeira? Será que a falta de interesse do mundo por Jesus hoje é justamente porque o mundo vê essa negação—e percebe a completa falta de realidade espiritual por trás dela—e simplesmente não quer ter nada a ver com isso?

## A Esperança do Mundo

Será possível que o Pai, o Filho e o Espírito estejam assistindo a tudo isso com indiferença? Será que o Espírito de adoção consegue apenas observar a raça humana se debatendo na escuridão, quando já foi incluída na grande dança? Eu te digo: o Espírito não suporta isso. Ele não suporta ver você e eu nos tornando como a Dona. Fidget. Ele não suporta ver a criação do Deus Triúno distorcida além do reconhecimento. Ele não suporta nos ver vivendo como o homem alto no parque, caindo na mentira do maligno, gastando a vida em busca de uma glória lendária, presos a rituais bizarros que estão nos destruindo.

O Espírito de adoção, o Espírito da verdade, foi liberado

sobre o mundo—sobre você e sobre mim.[51] E Ele vem para nos ensinar, para nos iluminar, para testemunhar a verdade. Ele vem para nos ajudar a enxergar através da escuridão e ver quem realmente somos em Jesus Cristo, e compreender o dom espantoso que nos foi dado nele. Ao nos ajudar a descobrir a verdade, Ele trabalha para expor nossa estupidez, nosso cativeiro, nossa autodestruição dentro das trevas—e nos guia no caminho da dor de reconhecer nossos mitos e sua ruína.

A esperança do mundo, da minha e da sua vida, é que o Espírito Santo é o Espírito de adoção, o Espírito da verdade, o Espírito do propósito eterno do Pai e do Filho, e que Ele tem uma paixão inabalável para que experimentemos a grande dança. Por isso, Ele vem até nós para lutar contra a nossa teimosia, para invadir nossa confusão, nossos mitos, nossas invenções, para nos conduzir a crer de forma adequada, para nos treinar a ver através das trevas. Ele vem para nos ensinar a detectar a mentira sussurrada, a discernir o bem do mal, a enfrentar o "eu não sou" e responder de volta: "sim, eu sou", e a viver nessa liberdade. Ele vem para nos levar a descobrir a verdade, a reconhecê-la e a nos firmar nela.

O Pai, o Filho e o Espírito escolheram, em pura graça e com uma filantropia surpreendente, não guardar sua glória, sua plenitude, sua alegria e sua comunhão só para si. Eles escolheram não viver sua dança de vida e glória sem nós—sem você e sem mim. Mas nós fomos enganados. Fomos mentidos sobre Jesus Cristo e sobre nós mesmos. Estamos profundamente confusos quanto a tudo isso, e, sem querer, estamos ferindo nossa participação na dança. O Espírito de adoção não suporta essa confusão. Por isso, Ele veio para nos libertar, e Ele não vai nos soltar—até que a terra se encha do conhecimento do Senhor como as águas cobrem o mar.[52]

---

51  Veja João 16:7 em diante.
52  Veja Isaías 11:9.

# 5

# Em Nosso Pleno Juízo:

## A Fé e a Liberação da Dança

*...há um fogo na alma que vem de além, e o que a alma faz nesta vida é profundamente impulsionado por esse fogo.* — Ronald Rolheiser[53]

*Continue em frente, você sempre se lembrará. Continue, nada se compara ao esplendor. Agora sua vida não está mais vazia, com certeza o céu espera por você. Continue, meu filho errante, Pois haverá paz quando tudo terminar. Descanse sua cabeça cansada. E não chore mais.* — Kerry Livgren[54]

Antes que o universo viesse a existir, antes que os céus fossem chamados à existência com estrelas e luas, antes que a terra fosse esculpida com beleza infinita e a vida humana fosse moldada com estilo, graça e glória — antes de haver qualquer coisa, havia a grande dança da vida compartilhada pelo Pai, pelo Filho e pelo Espírito. Em um amor impressionante e generoso, esse Deus decidiu abrir o círculo e compartilhar a vida trinitária com outros. Como um ato de filantropia estarrecedora e inacreditável, o Pai, o Filho e o Espírito escolheram criar seres humanos e compartilhar com eles a grande dança.

Jamais se pretendeu que a realização desse plano fosse deixada nas mãos de Adão — ou nas nossas. Desde o início, desde antes do início, o dom foi concedido em Jesus Cristo, e através dele.[55] Ele sempre esteve destinado a vir e realizar nossa adoção.[56] E foi isso que aconteceu. O Filho de Deus saiu da eternidade e

---

53  Ronald Rolheiser, *The Holy Longing* / *O Santo Anseio* (Nova Iorque: Doubleday, 1999), p. 16.
54  Da canção "Carry On Wayward Son" / "Continue, Filho Rebelde", escrita por Kerry Livgren, no CD *The Best of Kansas* / *O Melhor do Kansas* (Sony Music Entertainment, Inc., 1999).
55  Veja 2 Timóteo 1:9.
56  Veja Efésios 1:3-5.

entrou na história, cumprindo o propósito eterno de Deus por nós.[57] Jesus o fez. Fomos abençoados, diz Paulo, com toda bênção concebível em Jesus Cristo. A própria vida do Deus trino, a comunhão e o relacionamento, a alegria eterna e a plenitude e a glória do Pai, do Filho e do Espírito, nos foram dadas. A grande dança agora é nossa, tanto quanto de Deus. É o rio invisível que atravessa nossas vidas e todas as coisas. A beleza de uma manhã qualquer, o sorriso de uma filha dizendo tudo o que precisa ser dito, uma xícara de café com um velho amigo, a paixão do amor, a paz de pescar nas sombras num fim de dia — tudo é poesia em movimento: a grande dança sendo encenada nas cenas das nossas vidas.

## A Possibilidade da Alegria e da Tristeza

Há, no entanto, uma voz que zomba de toda essa conversa sobre uma grande dança. "Dança? Que dança? A vida é uma desgraça, depois a gente morre. É uma piada cruel, uma sequência sem sentido de anos cheios de tragédias e lágrimas e tristezas insuportáveis. Estamos em um passeio que não escolhemos, e preferíamos simplesmente descer dele." As pessoas são rápidas para pensar o pior dos outros, e igualmente rápidas para devastar corações com ódio e palavras cruéis. Para cada momento fugaz de alegria, há horas de ansiedade e depressão. O medo reina. O caos é abundante. Aviões caem — ou são explodidos no céu — deixando esposas, maridos e filhos encalhados nas margens da solidão. Mulheres são estupradas e brutalmente assassinadas. Dezenas de milhares de crianças morrem de fome antes dos três anos de idade. Furacões destroem quilômetros de litoral, devastando casas, lares e corações. O racismo escraviza e esmaga corpos e espíritos. Crianças são espancadas e abandonadas. Corporações devoram a terra e as pessoas. O casamento, no geral, se não termina em divórcio, torna-se um impasse de mera tolerância. Para cada bom relacionamento, há mil ruins. Para cada sorriso de uma filha, há cem caretas. Dança? Que dança? É o sonho de tolos, de românticos cegos que se recusam a enxergar. A vida é uma história triste e trágica.

---

57 Veja Efésios 3:11.

Mas nós sabemos mais. Apesar da decepção, das tragédias comoventes e das injustiças deploráveis, apesar dos momentos de luto profundo e dor, e dos períodos em que a ansiedade nos reduz ao mais completo silêncio, apesar de toda dor — nós sabemos que fomos feitos para a glória. As próprias coisas que zombam da dança como um sonho tolo trazem uma mensagem dupla. Pois, mesmo em sua zombaria, elas confessam que a grande dança não é um sonho. Mesmo a *tragédia* grita que pertencemos ao círculo da vida. Porque a tragédia não seria tão trágica para nós, a menos que, de alguma forma, soubéssemos que fomos feitos para a glória. Afinal, não é a tragédia justamente isso: a perda do bem de forma terrível e injusta? Por que nos incomodamos com a injustiça, a não ser porque sabemos que as coisas não deveriam ser assim? "Isso não está *certo*", dizemos. Mas, quem nos disse que não está certo? Como pode haver "certo" ou "errado", "bem" ou "mal", ou "um jeito como as coisas deveriam ser" e, portanto, frustração e desespero quando não é assim, se a Nova Aliança não estiver escrita em nossos corações? Nossa ansiedade nos diz que a vida é imprevisível e assustadora, mas também nos diz que acreditamos que ela deveria ser boa, e que tememos deixar de desfrutar de algo que já é nosso. Afinal, não podemos sentir saudade de casa se não temos um lar. Não podemos nos sentir decepcionados ou frustrados ou ansiosos se não estivermos convencidos, de alguma maneira profunda, de que fomos feitos para algo maior. O que torna a tristeza tão amarga, a solidão tão insuportável? Como podemos reconhecer a miséria *como miséria*, a não ser que fomos feitos para a grande dança... e sabemos disso?

Se existe algo de que estamos convictos como seres humanos, é que as experiências de alegria e tristeza são reais — assim como toda a gama de emoções que essas duas palavras abrangem: satisfação e frustração, esperança e desespero, riso e choro, prazer e dor, entusiasmo e tédio, paz e ansiedade, só para citar algumas. Não precisamos de nenhum argumento para nos convencer de que essas coisas são reais. Já as provamos, já as sentimos em nossos próprios corações. Mas, dado que nossa experiência de alegria e tristeza é real, a pergunta é: qual é a base dessa realidade? Você já pensou nisso? A maioria de nós simplesmente assume que estamos vivos e que sentimos toda essa gama de emoções. Raramente paramos para pensar na origem da alegria e da tristeza — ou em como é possível que sejamos capazes de experimentar tais coisas.

Será que a alegria é algum tipo de micróbio aéreo, um vírus emocional que misteriosamente invade nossa vida, gruda no coração por um tempo e depois vai embora? Será que a tristeza é um dente-de-leão invisível, que cruza nosso caminho enquanto flutua sem rumo pelo espaço? Como é possível experimentarmos alegria? Como é possível que sintamos contentamento e amor, paz e esperança? O que explica a presença real do prazer e do deleite em nossas vidas — ou do riso? Por outro lado, como é possível que sintamos dor? O que explica a presença da ansiedade, da tristeza e do desespero em nós? Ou alegria e tristeza são ambas, no fim das contas, completas ilusões — meros produtos da imaginação — ou são experiências reais. E tudo aponta para o óbvio: são reais. Mas de onde vêm?

Nossa experiência humana de alegria e tristeza está enraizada na realidade da união entre nós e a Trindade. A conexão forjada em Jesus Cristo é real — e ela nos deu uma identidade definida, uma natureza, um lar. Pertencemos, da alma ao corpo e da cabeça aos pés, à Trindade. A dança é nossa — fomos criados para ela. Sua lógica está em nosso DNA espiritual. E, em algum nível profundo, sabemos disso. Sabemos que a grande dança é nossa. Não só fomos feitos para ela; seu ritmo pulsa no tutano de nossos ossos. Não somos, portanto, criaturas neutras. Somos entrelaçados com o Pai, o Filho e o Espírito. Paradoxalmente, é essa união, esse pertencimento, esse lar na Trindade — e o conhecimento profundo que temos disso — que torna tanto a alegria quanto a tristeza possíveis para nós e tão reais. A união define a paisagem da nossa existência. Ela é o padrão não dito pelo qual nossos corações medem todas as coisas. É a estaca no chão, o centro do alvo, a marca que define o nosso norte interior. Tristeza é o que sentimos quando erramos o alvo. É precisamente porque estamos incluídos na grande dança — e sabemos disso — que experimentar qualquer coisa menor nos entristece, frustra e esvazia. É porque fomos feitos para a glória que perdê-la dói como o inferno — e encontrá-la é o maior de todos os prazeres.

Por baixo da experiência de alegria e tristeza está a questão da identidade — de quem somos e se estamos ou não sendo fiéis a nós mesmos. Alegria, satisfação e paz não brotam do nada, sem motivo. Elas não são micróbios flutuantes. São fruto de vivermos em harmonia com quem realmente somos. Dor e sofrimento, tristeza e ansiedade são o que sentimos quando violamos nossa identidade. Alegria é o nome que damos à experiência de viver *em sintonia* com a vida do Pai, do Filho e do Espírito. Tristeza é o nome que damos à experiência de viver em violação a essa vida. Talvez a violação tenha sido causada por algo que fizemos, ou por algo que alguém nos fez, ou por acidentes inexplicáveis do caos. Mas, seja qual for a causa, o motivo de nos ferir tão profundamente é que isso fere nosso ser. É uma ruptura com a nossa identidade. Como poderia isso não doer? Como poderia não haver choro e ranger de dentes quando violentamos o nosso próprio ser?

Outro dia eu estava pescando, e fiquei novamente chocado com o jeito como um peixe, quando fora d'água, se debate feito louco no chão. Arrancar o peixe da água é tirá-lo de seu ambiente nativo, seu lar — e assim violar sua identidade. Como ele não se debateria? Ele foi feito para a água. Retirá-lo é lançá-lo em contradição — e, portanto, em tormento. O peixe não precisava de nenhum castigo adicional meu para sofrer. E seu retorno à água também não precisava de nenhuma bênção minha para que ele florescesse.

Essa analogia do peixe é boa, até certo ponto, mas tem seus limites, pois é espacial, não relacional. O peixe é "tirado" e "colocado de volta" na água, e seu sofrimento ou florescimento se relacionam a "onde" ele está. Conosco não é assim. Não somos tirados nem recolocados. Estamos "dentro", agora e para sempre. Jesus já realizou isso. E é justamente o fato de estarmos "dentro" que cria a possibilidade de alegria e tristeza reais para nós — a mais alta alegria e a mais profunda tristeza. É o fato de termos um lar na Trindade que nos permite sentir tamanha desordem, tamanha inquietação, tamanha saudade e desespero — ou, então, paz, enraizamento e florescimento.

Existe apenas um círculo de vida no universo, e nós pertencemos a ele. Por isso estamos vivos — e há uma vida bela a ser vivida. Mas nosso pertencimento também significa que existe uma harmonia que podemos violar, uma união que podemos contradizer. E isso dói. Isso gera culpa e vergonha, um sentimento inquietante de alienação e perda, e os primeiros sinais de tristeza profunda. E isso tudo brota em nós porque estamos nos opondo ao nosso próprio ser. Estamos nadando contra o fluxo do nosso eu mais verdadeiro.

Mas o lado oposto também é verdadeiro, e ainda mais poderoso. Pertencemos ao Pai, ao Filho e ao Espírito. O ritmo da grande dança pulsa em nossos corações. Viver nesse ritmo não é dançar no compasso de algo estranho — é encontrar *nosso* passo. É *nos* encontrar. É encontrar o lar e o sentimento de casa. É realização genuína — os primeiros goles da alegria eterna.

Vou contar uma história agora que nos ajuda a visualizar melhor esse ponto.

## Perdido em Nova Orleans

Quando eu tinha 12 anos, meus pais me levaram, junto com meus dois irmãos e meu melhor amigo, para Nova Orleans, para ver o Minnesota Vikings jogar contra o Saints. Vindo de uma cidadezinha no sul do Mississippi, só o fato de ir a Nova Orleans já era um baita presente. Mas considerando que o Vikings era o meu time favorito da vida, essa viagem se tornou um dos momentos mais inesquecíveis da minha infância. As três horas de carro até lá pareciam um dia sem fim. Mas finalmente chegamos, e meu pai estacionou o carro. Pegamos um bonde até o antigo estádio de Tulane. Foi uma tarde maravilhosa, e o jogo foi tudo o que eu tinha sonhado — com direito a goleada dos Vikings.

Depois do jogo, estávamos descendo a rampa de saída quando olhei por cima do corrimão e vi três ônibus enfileirados. Reconheci, na hora, os jogadores enormes subindo nos ônibus — eram os Vikings em pessoa! Sem pensar, desci correndo a rampa e, de algum jeito, cheguei até onde os jogadores estavam. Apertei a mão do Carl Eller, fiquei a poucos centímetros de Alan Page e Wally Hilgenberg. E ainda toquei o boné do técnico Bud

Grant. Eu estava no céu.

Mas aí, um a um, os ônibus começaram a sair. Lembro de vê-los contornando o estádio e dobrando à esquerda, até sumirem. Quando o último ônibus virou a esquina, o maior medo da minha vida tomou conta do meu coraçãozinho. De repente, percebi que eu não fazia ideia de onde estavam meus pais, e pior: eles também não sabiam onde eu estava. Olhei em volta e não havia mais ninguém. Até hoje é um mistério como aquela multidão ao redor dos ônibus sumiu tão rápido, mas sumiu. Eu estava completamente sozinho. Um pânico total me invadiu. Em segundos, eu estava apavorado. Meu coração batia tão rápido que eu não conseguia nem pensar direito.

Doze anos, Nova Orleans, estádio de Tulane, e o sol já começando a se pôr. Eu não era nem um pouco esperto com as ruas. Eu sabia até os ossos que estava em apuros. Em algum momento, pensei em procurar um policial, mas não havia nenhum. Não consegui encontrar uma alma viva, muito menos um policial. Dei a volta no estádio pelo menos três vezes, desesperado.

Já estava em prantos, chorando de soluçar. Havia várias casas por perto, mas eu não ia bater em nenhuma. A única coisa que me veio à cabeça foi tentar encontrar o caminho de volta até o carro. Pensei no bonde que havíamos pego para chegar ao estádio... mas qual deles? Norte e sul não significavam nada para mim nas ruas de Nova Orleans. E eu também não lembrava o nome de nenhuma rua. Mas eu tinha algum dinheiro no bolso, então achei um bonde, subi e contei ao motorista que estava perdido. Ele me disse para ir sentar lá no fundo e ficar de olho pela janela. Se eu reconhecesse alguma coisa, era só puxar o cabo que ele pararia.

O bonde foi dando voltas por Nova Orleans, e eu pulava de um lado para o outro, grudado nas janelas frias, com o rosto colado no vidro, torcendo — torcendo de verdade — para reconhecer alguma coisa: uma árvore, um prédio, uma rua, um carro estacionado, quem sabe até meus pais. Mas nada. Dei a volta completa no trajeto do bonde até que ele voltou ao estádio. Sem saber o que fazer, desci e fui andando ao redor do estádio até chegar novamente no lugar onde os ônibus estavam. Sozinho, apavorado, me sentei debaixo de um carvalho, no meio de um monte de folhas. Lembro de ficar brincando com um graveto, chorando — mas já não saía mais lágrima nenhuma. Estava um caco.

E aí piorou. Sentado ali, com os doze anos da minha vida passando como um filme na cabeça, as luzes do estádio se apagaram de repente. Nunca experimentei uma escuridão igual àquela. Quase 30 anos depois, ainda consigo ver as sombras estranhas daquele lugar, sentir o cheiro do concreto e ouvir o farfalhar das folhas ao vento gelado. Não sei quanto tempo fiquei ali, mas pareceu uma eternidade mais longa até que a viagem até o estádio. Escuro. Frio. Sozinho.

De repente, as luzes do estádio se acenderam de novo, e antes que eu percebesse, já estava de pé, correndo ao redor do estádio. Alguém tinha que ter acendido aquelas luzes — e eu estava determinado, com uma força que vinha do universo inteiro, a encontrar essa pessoa. E então aconteceu. Por cima do barulho dos meus passos e do pânico no meu peito, ouvi o som mais abençoado de toda Nova Orleans. O som mais abençoado que já ouvi na vida: uma única palavra, gritada pelo meu pai — "Baxter!"

Ninguém precisou me dizer o que fazer. Ninguém precisou me explicar o que aquela palavra significava. Ninguém precisou aplicar aquilo à minha vida. Meu nome, gritado pela voz do meu pai, dizia mais do que mil livros. Como um gêiser em Yellowstone, a tensão insuportável foi dissipada num segundo. O medo esmagador e a busca frenética dobraram a esquina como os ônibus... e sumiram. No lugar deles surgiu a coisa mais simples e maravilhosa do mundo: segurança, certeza, descanso.

Quase 30 anos se passaram desde aquele dia. Olhando para trás, vejo que essa história está cheia de lições — a mais óbvia delas é a relação entre identidade, sofrimento e alegria. Eu só pude me perder — e sofrer toda a dor de estar perdido — porque eu tinha um lar. Foi justamente por ter uma família, uma mãe, um pai, irmãos e um amigo, que aquela *experiência* foi tão dolorosa. A dor que senti veio do fato de que eu pertencia — e eu sabia disso. Se eu fosse uma criança de rua, sem raízes, sem família, vivendo em Nova Orleans, nada daquilo teria me abalado tanto. A verdade é: não podemos nos perder se não temos um lar. E não podemos sentir dor, tristeza ou desespero, se lá no fundo não soubermos que o lar é real.

## Unidos, Mas Irredutivelmente Distintos

A primeira coisa a dizer sobre a nossa *experiência* de alegria ou tristeza é que ela só é possível porque pertencemos a Deus, e porque, em algum nível profundo, sabemos disso. É essa união que nos dá identidade, um lar, uma família à qual pertencemos, um lugar real dentro da grande dança — e, portanto, uma vida para ser vivida. Mas essa união é apenas o alicerce da nossa experiência. O simples fato de estarmos incluídos na vida do Pai, do Filho e do Espírito não significa, automaticamente, que *experimentaremos* paz ou frustração em nosso coração. Se estivéssemos unidos a Deus de maneira panteísta, seríamos tão absorvidos nele que não restaria nenhum "nós" distinto para experimentar coisa alguma. Voltamos, então, ao tema da "distinção irredutível" entre nós e Deus, de que falamos no capítulo anterior. A possibilidade de "nossa" experiência de qualquer coisa depende, por um lado, da nossa união com a Trindade e, por outro, da distinção real entre nós, que é maravilhosamente preservada dentro dessa união. Sem a união, simplesmente não existiríamos, e não haveria vida a ser vivida. Sem a distinção, não haveria um "nós" real para provar, sentir e experimentar a vida.

Mas há ainda mais a dizer. A união e a distinção entre a Trindade e nós criam a possibilidade de termos experiências, mas não determinam se serão boas ou más. O fato de termos um lar, uma mente, um coração e uma vontade próprios não significa, por si só, que viveremos alegria ou tristeza. É a congruência ou incongruência com a nossa verdadeira identidade em Deus que determina se nossa experiência será de paz ou de tormento. Confusão e clareza, harmonia e desarmonia com quem realmente somos em Cristo é o que dá à alegria ou à tristeza sua força em nossas vidas.

A união forjada em Jesus Cristo entre nós e a Trindade é real. Ela nos dá existência e uma vida a ser compartilhada. A distinção irredutível garante que haja, de fato, um "nós" capaz de saborear e conhecer essa vida. Além disso, a distinção significa que o que "nós" fazemos importa. Temos mente, coração e vontade distintos que existem em união com Deus. Não é coisa pequena que nosso pensar entre em conflito com o pensar de Deus. Essa incongruência não é a violação de uma lei arbitrária imposta de fora, mas a negação da nossa própria identidade em Cristo — e, inevitavelmente, gera dor. Quando nosso coração está em desacordo com o coração de Deus, experimentamos uma doença profunda da alma. E o mesmo vale para a nossa vontade: quando ela se choca com a vontade do Pai, do Filho e do Espírito, o resultado é sofrimento inevitável, pois nossa vontade só existe em união com a vontade divina. Discordar de Platão não é grande coisa. Mas discordar de Jesus Cristo é uma contradição da própria essência do nosso ser. E essa contradição gera dor inevitável.

O risco que Deus assume ao nos dar um "lugar real" na grande dança é justamente a possibilidade da nossa desordem, da nossa dor, tristeza, depressão — até mesmo da nossa miséria. A distinção entre nós e Deus é tão real quanto a união. E é a *nossa própria* confusão — a confusão de quem já vive unido ao Pai, ao Filho e ao Espírito — que gera nossa angústia e desespero.

Sem a união, a confusão não traria nenhum incômodo profundo. Sem a união, não haveria lágrimas, nem dor, nem desespero. Não seríamos tocados pelo sorriso de uma filha, nem choraríamos com o coração partido dela. Não haveria beleza numa manhã clara. Tomar um café com um velho amigo não significaria nada, pois não existiriam amizade, laços de alma, lembranças de alegrias compartilhadas. Sem a união com o Pai, o Filho e o Espírito, não haveria vida digna de ser vivida — sem alegria, sem comunhão, sem riso, sem amor, sem romance, sem poesia em movimento. Mas nós somos unidos ao Pai, ao Filho e ao Espírito. Pertencemos à Trindade santa. É esse pertencimento que dá poder devastador à confusão e, ao mesmo tempo, poder libertador à clareza.

Como disse Jesus, "a verdade nos liberta",[58] precisamente porque é a nossa verdade. Da mesma forma, a confusão nos entristece porque é uma violação do nosso próprio ser.

A fé, portanto, não é uma invenção arbitrária de Deus para nos

58  Veja João 8:31 em diante.

testar. O chamado à fé está escrito em nossa identidade — junto com sua necessidade e seu poder. O que acreditamos importa porque somos distintos de Deus e ainda assim *unidos* a Ele. A união significa que nossas lendas *são* de fato lendas, e que elas nos ferem, porque contradizem quem realmente somos em Cristo. A união também significa que existe uma "mente sã" própria para nós — e que viver nessa sanidade libera a grande dança em nossas vidas. Se não houvesse união entre nós e a vida trinitária de Deus, o que acreditamos não teria consequência alguma. Nossas crenças não poderiam nos entristecer ou alegrar. Nossas lendas seriam apenas teorias — impotentes, incapazes de tocar o coração. Mas como *vivemos* por causa da união ao Pai, ao Filho e ao Espírito, nossas lendas *são* então violações da nossa identidade, produzindo inevitavelmente incongruência e desarmonia de ser. Mesmo que a ideia de punição cruzasse a mente do Pai, do Filho e do Espírito, não haveria necessidade dela, pois o simples ato de acreditar no erro já produz o seu próprio inferno. Da mesma forma, acreditar na verdade não precisa de recompensa externa. A verdade é, por si só, remédio para a alma. Crer na verdade é alinhar mente, coração e vontade à realidade[59] — e esse alinhamento gera paz, inteireza, e libera a alegria da dança em nossas vidas.

Tudo isso para dizer que é exatamente porque pertencemos à Trindade que o que pensamos e fazemos tem tanto peso. Se não estivéssemos unidos, poderíamos acreditar em qualquer fábula inventada e isso não teria qualquer impacto sobre nós — não seria nem uma mentira destrutiva nem a verdade. Poderíamos fazer o que quiséssemos sem que isso nos incomodasse. Nada nos deixaria felizes ou tristes, satisfeitos ou frustrados, animados ou deprimidos. Da mesma forma, poderíamos tentar com todas as forças fazer a "fé" funcionar, forçá-la a produzir algo em nós, gerar alguma experiência, algum resultado bom em nosso coração e em nossa vida — e ela seria totalmente impotente. Porque fé sem realidade, fé sem verdade, fé sem a união prévia, não passa de outra lenda. É como o simples esforço de um músculo que não está preso a um corpo. Crer que pertencemos à Trindade

---

59 Veja Thomas Erskine, *The Unconditional Freeness of the Gospel / A Liberdade Incondicional do Evangelho* (Edimburgo: Waugh and Innes, 1829), pp. 13 em diante.

nos enche de esperança, de segurança e de paz, não porque nossa fé seja mágica, mas porque estamos crendo na verdade. Se não pertencêssemos à Trindade, acreditar nisso não teria poder algum.

## O Conhecimento Mais Profundo

Mas há ainda outro fator que influencia nossa experiência e que precisa ser destacado. É o que poderíamos chamar de "o paradoxo do saber". É algo estranho: nós *sabemos*, e ao mesmo tempo *não sabemos*. Pense em uma chef de cozinha criando um novo molho. Primeiro, ela tem uma ideia. Depois, reúne todos os ingredientes que imagina precisar. Então começa o longo processo de experimentação, de tentativa e erro. A cada passo, para, prova o que está fazendo, avalia se está mais perto ou mais longe do sabor que busca. Até que finalmente chega a resolução: o molho da panela coincide com o molho que vivia em sua mente.

A questão fascinante é: como a chef sabia quando o molho estava pronto? Como ela conseguia avaliar o que estava criando? Como percebia que estava "quase" ou que ainda faltava algo? Paradoxalmente, ela vivia em dois níveis de conhecimento. Num nível, *sabia* exatamente o que queria — e esse saber funcionava como um "paladar supremo", avaliando cada tentativa. Mas, em outro nível, ela *não sabia*. Precisava aprender experimentando. Precisava arriscar. Precisava agir.

Esse paradoxo presente na chef é uma variação do paradoxo da vida humana. Vivemos entre saber e não saber; entre conhecer quem somos e a ignorância deste conhecimento. De alguma forma, *sabemos* quem somos. Em algum nível profundo, sabemos que a grande dança não é teoria romântica, mas nosso destino. Sabemos que pertencemos, que temos um lar. E é esse saber profundo que funciona como o "paladar supremo" em nossas vidas. Ele nos inquieta, nos julga. Ele avalia o que pensamos, fazemos e acreditamos. É esse conhecimento interior de que a dança nos pertence que gera tanto dor quanto alegria. Quando a vida que vivemos corresponde à vida que sabemos ser nossa, experimentamos alegria e satisfação. Quando não, sentimos tristeza, vazio, desespero.

## O Testemunho do Espírito

Mas como é que sabemos e, ao mesmo tempo, não sabemos? O conhecimento profundo é fruto do que se chama "o testemunho do Espírito". O Espírito dá testemunho com o nosso espírito de que *somos* filhos de Deus.[60] Não é por acaso que o Novo Testamento se refere ao Espírito como o Espírito da verdade[61] e como o Espírito de adoção.[62] Em certo nível, o Espírito vem a nós por quem Ele é e por quem nós somos. Jesus Cristo nos incluiu em sua relação com o Pai, e essa é uma relação que sempre foi plena do Espírito. De um modo belo e profundo, o Espírito é o "Deus Elo de Ligação" (go-between God), para usar a expressão de John Taylor.[63] É Ele quem facilita a relação — a comunhão, o companheirismo e o amor — do Pai e do Filho. Isso não torna o Espírito menos importante; pelo contrário, faz dele o *sine qua non* (condição indispensável) da grande dança. Sem o Espírito, não há relação entre o Pai e o Filho, não há vínculo de amor, não há camaradagem nem convivência.

Tudo isso quer dizer que é impossível sermos incluídos no relacionamento do Pai e do Filho e o Espírito manter-se neutro em relação a nós ou ausente de nós. O Pentecostes necessariamente segue a ascensão. Pois aquele que ascendeu é aquele em quem toda a raça humana está unida. Para Ele entrar no círculo, por assim dizer, significa que nós também fomos incluídos no círculo — e isso significa incluídos no Espírito. Visto desse ângulo, o dom que nos foi dado em Jesus Cristo é o dom do Espírito. Sendo Ele o Espírito da grande dança, Ele é o Espírito da nossa vida, e a vida da nossa festa.

Mas o Espírito não é vago. Ele é a vida da dança, mas essa vida é sempre uma vida inteligente, eloquente, sempre ligada à Palavra viva do Pai. A presença do Espírito sempre fala, sempre carrega uma mensagem e nos transmite significado. De um lado, o Espírito é a fonte da animação da criação — a vida de todas as coisas. Do outro lado, sua vida sempre nos diz algo, testemunha

---

60 Veja Romanos 8:16 e Gálatas 4:4-6.
61 Veja João 14:27; 15:26 e 16:13.
62 Veja Romanos 8:15.
63 Veja John V. Taylor, *The Go-Between God / O Deus Mediador* (Londres: SCM Press Ltd., 1972).

em nosso íntimo que não pertencemos a nós mesmos, que pertencemos a Deus, que fazemos parte de um círculo definido. O conhecimento profundo que opera em nós é fruto do Espírito. É nele e através dele que a grande dança é compartilhada conosco — e o compartilhar da dança sempre dá testemunho ao nosso espírito de que não somos nossos, mas pertencemos a Deus. Por causa do Espírito, *sabemos* quem somos, e permanecemos inquietos até que a vida que vivemos corresponda à vida que sabemos ser nossa.

## O Refogado Letal

Nós sabemos que pertencemos ao círculo da vida e sabemos que a vida é boa, e esse conhecimento profundo avalia a nossa forma de viver, a tal ponto que não conseguimos nos contentar com nada menos do que a grande dança. Somos movidos pelo nosso conhecimento da verdade. Ele nos chama, nos ordena, nos incita. Mas, paradoxalmente, conhecemos a verdade com mentes confusas. Como o chef, sabemos, mas não entendemos. Estamos confusos. É esse paradoxo — saber e não saber — que move toda a experiência angustiante da vida humana. Se não pertencêssemos à Trindade, seríamos profundamente apáticos e sem vida. Mas, dado que pertencemos ao círculo da vida compartilhado pelo Pai, pelo Filho e pelo Espírito, e dado que, em algum nível profundo, sabemos disso, a busca pelo nosso "santo graal" está em curso — e, estejamos conscientes ou não, é a única busca que realmente importa para nós. O problema é que nosso santo graal não é um novo molho, mas a consolação e resolução do nosso próprio ser. E os ingredientes com os quais estamos experimentando não são manteiga, alho e vinho, mas sim o nosso próprio coração, os corações de outros e até mesmo o bem-estar da terra. Nossas esposas e maridos, nossos filhos e amigos, nossos colegas de trabalho e momentos de lazer, e até mesmo nossa relação com a própria terra estão envolvidos em nossos ensaios e erros.

Por trás da nossa confusão não está a ignorância, mas o maligno, que espreita nas sombras de nossas vidas sussurrando: "Eu não sou." Esse sussurro não tem poder em si mesmo. Ele não carrega o peso do testemunho do Espírito, porque não é uma palavra divina, nem uma palavra de verdade, e não está enraizada no modo como as coisas realmente são. O sussurro não é voz de autoridade, que nos paralisa e prende nossa atenção. O sussurro é fumaça, fruto da imaginação inchada do maligno. É mentira. Mas podemos acreditar que seja verdade. E mesmo que seja eternamente mentira, ao crermos que é verdade, damos a ela um espaço na realidade. Quando acreditamos no "eu não sou" como se fosse verdade, damos a essa mentira um lugar no tempo e no espaço, um lugar em nossas vidas e na vida de outros. Sem necessariamente percebermos o que estamos fazendo, damos à mentira um espaço em nosso pensamento, abrimo-nos à sua influência, e o nosso entendimento se obscurece. Forma-se uma brecha: uma incongruência fatal entre quem somos em nossa união com Cristo — aceitos, amados e incluídos — e quem *acreditamos* ser.

Quando acreditamos na mentira do maligno — "eu não sou" (que é, em essência, a confissão dele sobre si mesmo, sussurrada para nós) — um refogado letal[64] de insegurança, ansiedade e medo começa a ferver em nossas almas. E esse refogado letal imediatamente permeia toda a nossa vida. Ele tempera a maneira como nos vemos e como enxergamos tudo ao redor. Ele molda a nossa perspectiva. O que acontece, por exemplo, quando acreditamos que não somos aceitáveis, que não somos bons o bastante, nem especiais, nem incluídos, nem belos? É impossível acreditar nessa "não-existência" e permanecer calmo, seguro, confiante. Acreditar que não somos incluídos significa acreditar que estamos fora do círculo, excluídos da glória e do sentido, excluídos da *vida* — tanto no sentido da existência em si quanto no sentido da vida como *vida plena*, cheia de animação, paixão e alegria. Como poderíamos acreditar em tais coisas e permanecer

---

64 No original deste título em inglês, o autor usou a palavra "Roux", a qual traduzimos neste livro como o termo mais geral "refogado". "Roux" é um termo culinário francês para o agente espessante, feito de manteiga e farinha, usado em molhos. Na culinária cajun e crioula, a ideia de "roux" evoluiu para incluir a mistura de diversos óleos e gorduras com manteiga e farinha, cebola e alho, aipo e pimentão, produzindo uma base rica de sabor que permeia todo o prato. "Nada na região cajun tem um aroma maior do que um roux levemente dourado cozinhando com cebolas, aipo, pimentão e alho" (John D. Folse, *The Evolution of Cajun and Creole Cuisine / A Evolução da Culinária Cajun e Crioula*, Donaldson, Louisiana, 1990, p. 16). Estou usando "roux" em seu sentido cajun desenvolvido, como o sabor básico que permeia tudo.

em paz? Crer que não estamos incluídos gera medo no núcleo do nosso ser. Desperta a mais profunda insegurança e ansiedade dentro de nós. Transforma-nos na criança perdida em Nova Orleans.

Quando você está com fome, vai até a geladeira e pega algo para comer. Quando está doente, vai ao médico. Mas o que fazer quando sua alma dói, quando está tomada pela insegurança, pela ansiedade e pelo medo? Você tenta consertar. Quer sinta a dor ou não, sua alma se consome em busca de uma solução. Então você encontra um bonde e sobe nele, esperando — apenas esperando — que veja algo ou encontre alguém capaz de falar palavras de segurança. Você recorre ao seu marido, à sua esposa, aos seus amigos ou ao seu trabalho para tentar resolver o problema. Cria uma vida lendária e parte para vivê-la. Ou estabelece um conjunto lendário de regras pelas quais procura provar para a própria alma que está tudo bem, justificando-se contra o conhecimento mais profundo que carrega. Ou ainda, gasta seu tempo tentando negar que existe algum problema. Você percebe o que acontece?

A mentira, e a nossa fé nela, põem o refogado letal para ferver, e assim começamos o dia — nos nossos relacionamentos com esposa ou marido, com filhos, no ambiente de trabalho, no campo de golfe, no shopping ou até mesmo em reuniões religiosas — com uma alma sangrando de ansiedade, medo e insegurança, consumida de si mesma e de sua dor, desesperada por uma solução, absolutamente impelida a encontrar algo ou alguém que possa oferecer segurança. O mais estranho de tudo é o fato de que a maioria de nós nem sequer percebe que está ferida — muito menos que se transformou em um aspirador humano, sugando tudo ao redor com sua necessidade.

O sussurro, e a nossa fé nele, é a raiz da árvore grotesca da cobiça e da ganância, da inveja e da fofoca e da difamação, da raiva, da depressão e do cinismo. Percebe como funciona? Acreditar que nós "não somos" acende dentro de nós esse refogado letal; e o medo, a insegurança e a ansiedade nos empurram a buscar algo que alivie a dor. E lá está o maligno, pronto com suas sugestões de solução. Qualquer coisa que decidimos que poderá nos ajudar torna-se objeto do nosso desejo. Nossa paixão pela grande dança é traduzida em uma fome insaciável por esse suposto salvador. E o que acontece quando não conseguimos chegar a esse salvador? Ou quando alguém chega antes de nós? Ou quando, finalmente, conseguimos alcançá-lo — mas ele não resolve a dor? O que acontece quando nossas lendas se revelam falsas, seja pela experiência pessoal, seja por alguém expor a falsidade delas? Antes que percebamos, já se passaram dez, quinze, vinte anos, saltando de uma coisa para outra, de um salvador para outro — ou nos agarrando desesperadamente à ilusão de que a nossa lenda particular é de fato verdadeira, defendendo-a com unhas e dentes. Tudo isso vai gerando uma contradição cada vez maior entre o nosso eu verdadeiro, em união com o Deus Triúno, e a vida que estamos levando. Essa incongruência produz em nós a dor, a miséria e o vazio do inferno — porque é uma violação, não da teoria de Platão ou de Kant, mas do nosso próprio ser.

## A Fé e o Refogado da Dança

Descobrir a verdade em Jesus Cristo, conhecê-lo como o Senhor e Salvador da raça humana, vê-lo à direita do Pai e ver a nós mesmos aceitos nele, abraçados por Deus Pai todo-poderoso, incluídos no círculo da vida — é ter o nosso modo de pensar virado do avesso, radicalmente reorganizado em harmonia com a verdade. O Novo Testamento chama essa reorientação radical, essa renovação da mente, de "arrependimento" (*metanoia*). É uma mudança profunda de visão, de compreensão e de pensamento — a cura da nossa "Glomite". E o que uma conversão assim do nosso pensamento faz conosco? O que acontece com o refogado letal quando vemos Jesus Cristo em sua verdadeira glória, e vemos a nós mesmos não do lado de fora, mas do lado de dentro; não excluídos, mas calorosamente e abundantemente abraçados, assentados com Jesus à direita do Pai — e cremos que isso é a verdade? O que acontece com a ansiedade, a insegurança e o medo que fervem dentro de nossas almas? E o que acontece com as lendas e rituais bizarros que surgiram da nossa cegueira e da dor de estômago produzida pelo refogado letal?

Descobrir a verdade sobre Jesus Cristo e a verdade sobre nós mesmos nele — e crer que isso é verdade — é ver nascer dentro de nós um outro refogado. Não um de medo e ansiedade, mas um de esperança, paz e segurança. Este é o refogado da grande dança. E assim, começamos o dia — em nossos relacionamentos com esposa ou marido, com filhos, no trabalho, no campo de golfe, no shopping ou em encontros religiosos — com almas cheias de esperança, vivificadas por segurança e confiança. Não mais aspiradores humanos sugando tudo ao redor, mas fontes transbordantes, rios de água viva, como Jesus descreveu,[65] que dão em vez de tirar, que refrescam em vez de sufocar. E o que acontece em meio a essa renovação? O que acontece quando somos libertos do nosso egocentrismo, livres para perceber os outros e nos importar genuinamente com eles, livres para ouvir sem impor nossas próprias agendas e lendas? O que acontece quando já não precisamos nos esconder, e assim somos livres para conhecer e ser conhecidos? O que acontece quando aquela árvore grotesca começa a mudar e passa a dar outro fruto — não mais cobiça, ganância e inveja, mas amor, alegria e paz, paciência, bondade e fidelidade?

Fica claro porque o Novo Testamento fala o tempo todo de fé e arrependimento. Dado o que Jesus Cristo realizou, dado o que Ele fez pela humanidade, com a humanidade e na humanidade, dado que Ele nos conectou à vida Triúna, tudo agora gira em torno do que *cremos*. Persistir na mentira de que estamos separados de Deus, e portanto de que "não somos", é viver com o refogado letal e sua doença, sendo empurrados para o egocentrismo, a manipulação, a solidão e a fuga. Crer na mentira é viver nessa *ruptura*: saber que temos um lar, mas nunca encontrá-lo; é viver no bonde, em movimento, mas nunca chegando. Mas crer em Jesus Cristo, vê-lo como Ele é, e ver a nós mesmos incluídos nele, é voltar ao juízo perfeito, à mente sã. É ter a ruptura curada e, com essa cura, experimentar resolução e paz, esperança e segurança.

Anos atrás, eu estava almoçando com um grupo de homens quando alguém contou a piada inevitável sobre um gênio da lâmpada e três desejos. Pelo que me lembro, a piada era realmente engraçada, porque a gargalhada foi tão intensa que todo o restaurante virou para olhar nossa mesa. Mas, quando a risada

65 Veja João 7:38.

106

se acalmou, alguém transformou a piada em reflexão: "E se", ele disse, "nós realmente tivéssemos três desejos?" A pergunta iniciou uma longa conversa sobre o que realmente importa para nós. No meio da conversa, alguém reduziu os três desejos a apenas um: "E se tivéssemos só *um* desejo, qual seria?" Naquela noite, fui dormir pensando nessa pergunta e nas respostas que demos, tanto as engraçadas quanto as sérias. Pela manhã, cheguei a uma conclusão. Meu desejo não seria dinheiro, nem oportunidade, nem mesmo saúde ou amor — por mais importantes que sejam. Se eu tivesse apenas um desejo, seria segurança. Por quê? Porque a segurança é o elo crítico entre a nossa inclusão no círculo de comunhão do Pai, do Filho e do Espírito e a manifestação dessa inclusão em nossas vidas. Podemos possuir todas as coisas, ter milhões no banco e saúde perfeita, podemos até ser profundamente amados e cercados de grandes amigos — e ainda assim estar tão amarrados por dentro, tão assustados, tão cheios de insegurança, que não conseguimos desfrutar de nada disso. "Que adianta ao homem ganhar o mundo inteiro e perder a sua alma?",[66] perguntou Jesus. A mesma questão vale para famílias e nações.

O famoso tríptico de Paulo — fé, esperança e amor[67] — longe de ser sentimentalismo religioso, revela o caminho da grande dança. Pois a fé em Jesus Cristo gera esperança em nossas almas entristecidas e ansiosas. E "esperança" na Bíblia nunca significa sonho distante, como o de um garoto que sonha em ser jogador profissional quando crescer. Esperança significa segurança: uma confiança profunda e duradoura de que tudo ficará bem. Essa esperança e essa segurança minam nossa ansiedade e insegurança, e imediatamente colocam mudanças reais em movimento. O alívio que tomou conta do meu coração quando ouvi meu pai gritar meu nome nas ruas de Nova Orleans é um exemplo perfeito. É uma imagem do que a fé em Jesus Cristo produz dentro de nós. Crer em Jesus é ouvir o próprio Pai chamar o nosso nome — e experimentar o alívio e a vida que brotam desse chamado.

Crer em Jesus Cristo gera segurança no mais íntimo do nosso ser — e a segurança nos transforma. Para começar, a segurança

---

66  Veja Mateus 16:26.
67  Veja 1 Coríntios 13.

muda a nossa perspectiva. A ansiedade faz o dia mais belo parecer cinza e pesado, enquanto a segurança abre os olhos para vê-lo em sua glória, porque acalma o coração o suficiente para notar a beleza. Em um nível ainda mais profundo, a segurança combate nossa insegurança, e assim nos livra da pressão de "ter que nos tornar". Esse alívio, por sua vez, desmancha nosso fascínio para com as nossas lendas, tira o seu poder sobre nós, e nos dá a liberdade para deixá-las para trás, para morrermos para os "eus lendários". Em outro aspecto, a segurança desarma a nossa fixação em nós mesmos — porque o egocentrismo nasce do medo. Em todas essas frentes, a segurança funciona como uma porta que se abre, permitindo que o cuidado, o amor e a comunhão do Pai, do Filho e do Espírito fluam do nosso coração para os outros. Assim como a fé na mentira produz medo, e o medo gera egocentrismo, e o egocentrismo interrompe a dança, assim também a fé em Jesus Cristo produz esperança — e a esperança nos liberta de nós mesmos, para perceber, cuidar e nos doar pelos outros, para amar. E nesse perceber, nesse cuidar e nesse amar, a comunhão floresce — e, na comunhão, a grande dança se realiza em plenitude cada vez maior.

De um certo ângulo, a segurança é a chave para que a vida do Pai, Filho e Espírito alcance plena expressão em nossas vidas e relacionamentos. Pois é a segurança que nos permite sair de nós mesmos em amor que se doa e se sacrifica. Estamos incluídos na comunhão e na vida do Deus Triúno, e nossa participação nessa comunhão floresce à medida que a segurança cresce em nossas almas. Pois somente a segurança nos dá liberdade para perceber, ouvir e escutar, conhecer e ser conhecidos. Mas por baixo da segurança está a fé em Jesus Cristo. A segurança não é algo que podemos fabricar. Ela é fruto da fé em Cristo. É somente à medida que cremos estar envolvidos nele e em sua relação com o Pai que a verdadeira segurança, com todo o seu poder libertador, cria raízes em nós. Mas, por mais crítica que seja, a segurança não é o ponto principal. Nem a fé. Elas são servas de uma causa maior. Não são o prêmio, mas os meios para ele. O prêmio é experimentar a grande dança em toda a sua plenitude e glória, juntos. Isso acontece quando morremos para nossos "eus lendários" e avançamos em liberdade para nos entregarmos aos outros em amor. Pois o amor que se doa está no coração da grande dança da vida compartilhada pelo Pai, pelo Filho e pelo Espírito, e certamente no coração da sua expressão em nossas vidas e relacionamentos.

## O Risco de Deus e a Paixão do Espírito

O risco que o Deus Triúno assume ao nos dar "um lugar real" no círculo da vida é que continuemos a viver com nosso entendimento obscurecido. Podemos, mesmo em nossa confusão, escolher livremente abraçar nossas lendas e rituais — até os religiosos — e, assim, nos entregar indefinidamente à contradição, à fenda e à tristeza e miséria inimagináveis que dela decorrem.[68] Estar perdido não é definido em termos de pertencer ou não à Trindade, pois isso já foi resolvido de uma vez por todas em Jesus Cristo. Você não pode estar perdido se não tem um lar. Pertencemos ao Pai, ao Filho e ao Espírito. Estar perdido, portanto, não significa ser cortado do círculo ou excomungado, pois isso agora é impossível. Não existe poder no céu ou na terra capaz de desfazer a união forjada em Jesus Cristo. Enquanto o Filho *encarnado* estiver à direita do Pai, estamos incluídos. Pois Ele não é um mero homem. Ele é *o homem*, aquele em quem toda a raça humana está unida. Estar perdido, portanto, não é definido em termos espaciais, como estar separado de Deus, mas em termos relacionais: trata-se de *sabermos ou não* que estamos unidos — e do que essa falta de conhecimento faz conosco. Estar perdido é estar confuso sobre nossa identidade em união com o Pai, o Filho e o Espírito — tão confuso que nos entregamos livremente a inventar, "acreditar em" e perseguir uma identidade lendária, e assim sofremos a contradição do nosso ser em união com o Deus Triúno e uns com os outros. O risco que o Deus Triúno corre é a possibilidade de que, na nossa real distinção, escolhamos viver nessa violação para sempre.

Há mais de 1600 anos, Santo Atanásio escreveu sobre o dilema divino quando Adão caiu e a criação de Deus começou

---

68 Veja C. S. Lewis, *The Great Divorce / O Grande Abismo* (Nova Iorque: Collier Books, Macmillan Publishing Company, 1946).

a escorregar para o não-ser[69]. A pergunta era: "O que poderia Deus fazer quando Sua criação estava a caminho da ruína total?" Para Atanásio, a única resposta possível era a redenção. Pois Deus amava sua criação. Por isso, Ele enviou seu Filho para segurar a criação e trazê-la de volta ao círculo da vida. Esse dilema foi resolvido na morte, ressurreição e ascensão do Filho de Deus encarnado. Pois Ele tomou sobre si a raça humana e, em sua vida, morte, ressurreição e ascensão, desceu conosco, limpou toda alienação, nos trouxe de volta renovados e nos ergueu para dentro do círculo da Trindade. Mas, ao fazer isso, surgiu um novo dilema divino. Pois, ao nos dar "um lugar real" no círculo da vida, foi criada a possibilidade do nosso crer equivocado — e, assim, de vivermos na fenda, na contradição e na angústia da confusão. Para Deus cruzar o limite da nossa distinção e tomar nossas decisões por nós, para crer em nosso lugar, não seria solução, mas ruína. Isso significaria o fim de nossas mentes, corações e vontades distintos, e, portanto, o fim da "nossa" experiência da grande dança. O que, então, Deus poderia fazer?

Haveria aqui um duplo risco? Teriam o Pai, o Filho e o Espírito, em seu amor extravagante e generoso, arriscado sua própria alegria pela possibilidade da nossa? Poderíamos estar tão unidos à Trindade que violar essa união cria em nós dor indizível — e ainda assim não tão unidos de modo que a nossa dor toque o coração de Deus? Se fomos feitos para Deus, como disse Agostinho, de modo que estamos inquietos até encontrarmos descanso nele,[70] não seria também verdade que Deus, em Jesus Cristo, se revelou de tal forma para nós que também está inquieto até que encontremos o caminho de volta para casa?

O simples fato de que Deus está disposto a correr tal risco já nos fala volumes sobre a confiança que o Pai, o Filho e o Espírito têm na bondade absoluta de sua vida compartilhada e no apelo e

---

69  Veja Atanásio, *On the Incarnation of the Word / Da Encarnação do Verbo*, §6, em *St. Athanasius: Select Works and Letters, Vol. IV of The Nicene and Post Nicene Fathers of the Christian Church, second series / Santo Atanásio: Obras e Cartas Selecionadas, Vol. IV dos Pais da Igreja: Nicena e Pós-Nicena, segunda série*, editado por Philip Schaff e Henry Wace (Grand Rapids: Eerdmans Publishing Company, reimpressão 1987).
70  "Tu nos fizeste para Ti, e nossos corações estão inquietos até que descansem em Ti" (*As Confissões de Santo Agostinho / The Confessions of St. Augustine*, traduzido por F. J. Sheed [Londres: Sheed and Ward, nona impressão, 1978], livro I.i).

poder finais do nosso verdadeiro lugar nela. O jogo está armado a favor de Deus e a nosso favor. Pois não se trata de escolher entre duas opções. Estamos unidos ao Pai, ao Filho e ao Espírito — não ao mal. A vida trinitária é o nosso lar, a nossa família, o nosso tudo. Fomos feitos para a grande dança e ansiamos por sua plenitude com toda a força da criação. Não temos desejo pelo mal ou pela escuridão. Embora estejamos confusos e presos a entendimentos distorcidos, e embora carreguemos a fenda de tal pensar errado e incongruente, nossa paixão é pela vida, não pela morte; pela grande dança, não pela miséria.

O conhecimento profundo de que fomos feitos para a glória é, por si só, suficiente para nos estimular no caminho, dado tempo e experiência. Pois saber que pertencemos à glória significa, ao menos, que desprezamos a dor e, portanto, fugimos dela. Mas isso não significa necessariamente que corramos em direção à vida. Podemos correr mais fundo em nossas lendas, ou inventar novas. Por isso, o Espírito da nossa adoção não apenas nos fala do outro lado da fronteira da nossa distinção e dá testemunho de que somos filhos de Deus; Ele também nos convence do nosso crer equivocado. Ele está agindo para nos conduzir do falso crer ao verdadeiro crer — o que significa nos conduzir à fé em Jesus Cristo e na verdade sobre nós, tal como Ele nos vê incluídos em si.

Essa é a verdadeira história das nossas vidas. Estamos unidos a Deus, mas permanecemos maravilhosamente distintos, e nessa distinção em relação a Ele ficamos confusos sobre quem somos, movidos pela ânsia de encontrar resolução. O Espírito está em ação conduzindo-nos à verdade, mas não há iluminações instantâneas. É com nossas mentes confusas que estamos sendo conduzidos ao conhecimento da verdade. Nem sempre é evidente o que é verdade e o que é engano. O deserto não parecia ser o caminho da libertação para os israelitas. Houve momentos em que a escravidão no Egito parecia mais suportável que o deserto — até mais desejável. Mas, no fim, a escravidão da mentira é muito mais dolorosa do que a jornada da libertação.

O Espírito é o mestre dos mestres. Ele possui a verdade e, tão importante quanto, sabe quando pronunciá-la. É fiel em testemunhar que pertencemos ao Pai e ao Filho, e fiel em apontar nossa insensatez. Seu testemunho avalia aquilo em que estamos crendo e o que estamos fazendo. Ele é como o paladar supremo, que nos diz se algo é doce ou amargo. Mas temos muito investido em nossas lendas — especialmente nas religiosas — e não queremos largá-las. Então o Espírito permite que a dor e o amargor de nossas lendas nos movam até o ponto em que coração, mente e vontade clamam por luz. Como diz Lewis: "A experiência é um mestre brutal, mas você aprende, por Deus, você aprende!"[71] O Espírito usa o bonde para nos dar ouvidos que escutam e olhos que veem — um veículo que nos transporta ao longo de um caminho de aprendizado e percepção. Assim como o bonde segue firme sobre seus trilhos, Ele nos conduz pelo tempo e pela experiência.

Do nosso ponto de vista, a vida é sobre encontrar o elusivo Santo Graal. O conhecimento mais profundo, compartilhado em nós pelo Espírito, nos assombra até o âmago do nosso ser e nos impele a encontrar e experimentar a vida que sabemos ser nossa. Nosso anseio é, de fato, pelo grande baile e sua liberação na totalidade da existência humana: desde projetar lagos e mover terra até plantar, cultivar e jogar golfe; desde nossas relações uns com os outros — em casamento, família e amizade — até as relações entre as nações da terra; do nosso pequeno canto do mundo até toda a criação. Pois é isso que somos: todos entrelaçados no círculo de vida do Pai, do Filho e do Espírito, e essa vida insiste em se realizar em nós. Mas estamos tão confusos que não fazemos ideia do que estamos buscando, muito menos de como chegar lá.

É verdade, como diz Vladimir Lossky: "Entre a Trindade e o inferno não há outra escolha."[72] Mas é exatamente aí que estamos — em algum lugar entre o grande baile e sua distorção máxima. Vivemos entre a luz e as trevas, entre a crença correta e a errada, entre o refogado letal e o refogado da dança, enquanto nossas almas vagam inconsoláveis pela vida, virando cada folha do nosso

---

71 C. S. Lewis, citado no filme *The Shadowlands / Terras de Sombra*.
72 Vladimir Lossky, *The Mystical Theology of the Eastern Church / A Teologia Mística da Igreja Oriental* (Nova Iorque: St. Vladimir's University Press, 1998), p. 66.

universo em busca de resolução.

Do ponto de vista do Pai, do Filho e do Espírito, a história — tanto pessoal quanto coletiva — é sobre nossa educação. É sobre uma longa caminhada conosco em meio à nossa escuridão, confusão e dor, um ato incessante e paciente de amor doador, que carrega nosso sofrimento em sua determinação de nos conduzir de volta à sanidade. Pois por trás da nossa existência, e da existência do universo, está a decisão original do Pai, do Filho e do Espírito de compartilhar o que têm conosco — e, junto dela, a determinação incansável de que assim será. Pela pura graça fomos incluídos na família divina em e por meio de Jesus Cristo. Do momento dessa inclusão até o fim da história, todos os recursos divinos estão dedicados à nossa iluminação.

Nosso problema não é falta de desejo pela vida, mas uma profunda confusão sobre como experimentá-la. "Nossos corações são bons. É nossa mente e nossos pés que não sabem para onde ir."[73] Fomos enganados a respeito de Deus, do Pai, do Filho e do Espírito, e a respeito de quem somos em Jesus Cristo. Tão enganados que, em nossa busca por vida, por relacionamentos reais, por comunidade, plenitude e alegria, olhamos além de Jesus Cristo como se fosse irrelevante. Contra essa confusão — e em, com e através dela e de todo o estrago que causa — o Espírito nos educa, sofre conosco enquanto nos conduz, pacientemente, à verdade que está no Jesus *real*.

Não estamos abandonados. Deus está conosco, dando-nos participação no círculo da vida e carregando a dor da nossa escuridão para nos iluminar. Este é um daqueles momentos da nossa história em que sentimos o rasgo entre nossa verdadeira identidade em Cristo e a vida que estamos vivendo; um daqueles momentos em que nossas lendas, religiosas ou culturais, chegaram ao fim e nos deixaram ansiosos, tristes e miseráveis — e estamos mais atentos, ouvindo com um ouvido mais cuidadoso, clamando por respostas. E este é um daqueles momentos em que a surpreendente filantropia do Deus Triúno se revela novamente, e somos confrontados mais uma vez com a pergunta de Jesus: "O

---

73 Ronald Rolheiser, *The Holy Longing / O Santo Anseio* (Nova Iorque: Doubleday, 1999), p. 40.

que vocês buscam?"[74]

"E o Deus da esperança os encha de toda alegria e paz na fé, para que abundem em esperança pelo poder do Espírito Santo" (Romanos 15:13).

---

74  Veja João 1:38.

# Sugestões de Leitura Complementar

Thomas Erskine, *The Unconditional Freeness of the Gospel / A Gratuitidade Incondicional do Evangelho.* Edinburgh: Waugh and Innes, 1829.

Athanasius, *On the Incarnation of the Word of God / Sobre a Encarnação do Verbo de Deus.* London: A. R. Mowbray & Comp., reprint, 1963.
"Against the Arians / Contra os Arianos. In *St. Athanasius: Select Works and Letters, Vol. IV of The Nicene and Post Nicene Fathers of the Christian Church*, second series, edited by Philip Schaff and Henry Wace. Grand Rapids: Eerdmans Publishing Company, reprint 1987.

C. S. Lewis, *"The Weight of Glory / O Peso da Glória."* In *The Weight of Glory and Other Essays.* Grand Rapids: Eerdmans Publishing Company, 1965, pp. 1-15.
*"Beyond Personality: Or First Steps in the Doctrine of the Trinity / Para Além da Personalidade: Primeiros Passos na Doutrina da Trindade."* In *Mere Christianity / Cristianismo Puro e Simples.* New York: Collier Books, Macmillan Publishing Company, 1960, pp. 135-190.
*The Great Divorce / O Grande Abismo.* New York: Collier Books, Macmillan Publishing Company, 1946.
*Till We Have Faces / Até que Tenhamos Rostos.* New York: A Harvest Book, Harcourt Brace Jovanovich, Publishers, 1980.
*The Chronicles of Narnia / As Crônicas de Nárnia.* New York: Collier Books, Macmillan Publishing Company, 1946.
*Surprised by Joy / Surpreendido pela Alegria.* New York: A Harvest Book, Harcourt Brace and Company, 1984.

George MacDonald, *The Golden Key / A Chave Dourada.* Grand Rapids: Eerdmans Publishing Company, reprint 1982.
*The Fisherman's Lady / A Dama do Pescador*, edited by Michael R. Phillips. Minneapolis: Bethany House Publishers, 1982.
*The Marquis' Secret / O Segredo do Marquês*, edited by Michael R. Phillips. Minneapolis: Bethany House Publishers, 1982.

Michael R. Phillips, *George MacDonald: Scotland's Beloved Storyteller / George MacDonald: O Contador de Histórias Amado da Escócia.* Minneapolis: Bethany House Publishers, 1987.

T. F. Torrance, *The Mediation of Christ / A Mediação de Cristo.* Grand Rapids: Eerdmans Publishing Comp., 1983.
*Preaching Christ Today / Pregando Cristo Hoje.* Grand Rapids: Wm. B. Eerdmans Publishing Co, 1994.
*The Trinitarian Faith: The Evangelical Theology of the Ancient Catholic Church / A*

*Fé Trinitária: A Teologia Evangélica da Igreja Católica Antiga*. Edinburgh: T & T Clark, 1988.

"*The Atoning Obedience of Christ / A Obediência Expiatória de Cristo.*" Moravian Theological Seminary Bulletin (1959), pp. 65-81.

"The Resurrection and the Person of Christ / A Ressurreição e a Pessoa de Cristo" and "The Resurrection and the Atoning Work of Christ / A Ressurreição e a Obra Expiatória de Cristo." In *Space, Time and Resurrection / Espaço, Tempo e Ressurreição*. Edinburgh: The Handsel Press, 1976, pp. 46-84.

"The Eclipse of God / O Eclipse de Deus" and "Cheap and Costly Grace / Graça Barata e Graça Custosa." In *God and Rationality / Deus e a Racionalidade*. London: Oxford University Press, 1971, pp. 29-85.

"Karl Barth and the Latin Heresy / Karl Barth e a Heresia Latina." In *Karl Barth: Biblical and Evangelical Theologian / Karl Barth: Teólogo Bíblico e Evangélico*. Edinburgh: T & T Clark, 1990, pp. 213-240.

J. B. Torrance, *Worship, Community and the Triune God of Grace / Adoração, Comunidade e o Deus Triúno da Graça*. Downers Grove: IVP, 1996.

"Covenant or Contract" / Aliança ou Contrato. Scottish Journal of Theology 23 #1 (fev. 1970).

"The Vicarious Humanity of Christ" / A Humanidade Vicária de Cristo. In *The Incarnation: Ecumenical Studies in the Nicene-Constantinopolitan Creed*, ed. T. F. Torrance, pp. 127-147. Edinburgh: The Handsel Press, 1981.

Kallistos Ware, "The Human Person as an Icon of the Trinity" / A Pessoa Humana como Ícone da Trindade. Sobernost, vol. 8 # (1986), pp. 6-23.

*The Orthodox Way / O Caminho Ortodoxo*. London: Mowbray, 1979.

Karl Barth, *Church Dogmatics / Dogmática Eclesiástica*. Edinburgh: T & T Clark.

"The Miracle of Christmas" / O Milagre do Natal. In *Church Dogmatics* I/2, pp. 172-202. "The Problem of a Correct Doctrine of the Election of Grace" / O Problema de uma Doutrina Correta da Eleição da Graça. In *Church Dogmatics* II/2, pp. 3-93.

"Faith in God the Creator" / Fé em Deus, o Criador. In *Church Dogmatics* III/1, pp. 3-41. "Creation as Benefit" / Criação como Benefício. In *Church Dogmatics* III/1, pp. 330-344. "God with Us" / Deus Conosco. In *Church Dogmatics* IV/1, pp. 3-21.

"The Covenant as the Presupposition of Reconciliation" / A Aliança como Pressuposto da Reconciliação. In *Church Dogmatics* IV/1, pp. 22-54.

"The Way of the Son of God into the Far Country" / O Caminho do Filho de Deus para o País Distante. In *Church Dogmatics* IV/1, pp. 157-211.

"The Judge Judged in our Place" / O Juiz Julgado em Nosso Lugar. In *Church Dogmatics* IV/1, pp. 211-283.

"The Homecoming of the Son of Man" / O Retorno do Filho do Homem. In *Church Dogmatics* IV/2, pp. 36-116.

"The Sloth and Misery of Man" / A Preguiça e a Miséria do Homem. In *Church Dogmatics* IV/2, pp. 378-483.

Herbert Hartwell, *The Theology of Karl Barth: An Introduction / A Teologia de Karl Barth: Uma Introdução*. London: Gerald Duckworth & Company, 1964.

George Hunsinger, *How to Read Karl Barth / Como Ler Karl Barth*. New York: Oxford University Press, 1991.

Gary Dorrien, *The Barthian Revolution in Modern Theology / A Revolução Barthiniana na Teologia Moderna*. Louisville: Westminster John Knox Press, 2000.

John Webster, *Barth's Ethics of Reconciliation / A Ética da Reconciliação em Barth*. Cambridge: Cambridge University Press, 1995.

G. K. Chesterton, *The Everlasting Man / O Homem Eterno*. San Francisco: Ignatius Press, 1993.

Colin Gunton, *The One, the Three and the Many / O Um, o Três e os Muitos*. Cambridge: Cambridge University Press, 1993.
*The Triune Creator / O Criador Triúno*. Grand Rapids: Eerdmans Publishing Company, 1998.

Frederick Buechner, *Telling Secrets / Contando Segredos*. San Francisco: Harper, 1991.

Alister E. McGrath, *Iustitia Dei: A History of the Christian Doctrine of Justification / Iustitia Dei: Uma História da Doutrina Cristã da Justificação*. Cambridge: Cambridge University Press, 2ª ed., 1998.

James E. Loder & W. Jim Neidhardt, *The Knight's Move: The Relational Logic of the Spirit in Theology and Science / O Movimento do Cavalo: A Lógica Relacional do Espírito na Teologia e na Ciência*. Colorado Springs: Helmers & Howard, 1992.

Richard Tarnas, *The Passion of the Western Mind / A Paixão da Mente Ocidental*. New York: Ballantine Books, 1993.

Thomas Smail, *The Forgotten Father / O Pai Esquecido*. London: Hodder and Stoughton, 1987.
*The Giving Gift / O Dom que Dá*. London: Hodder and Stoughton, 1988.

Trevor Hart, *The Teaching Father: An Introduction to the Theology of Thomas Erskine of Linlathen / O Pai que Ensina: Uma Introdução à Teologia de Thomas Erskine de Linlathen*. Edinburgh: St. Andrews Press, The Devotional Library, 1993.
*Faith Thinking / O Pensamento da Fé*. London: SPCK, 1995.

C. Baxter Kruger, *Parable of the Dancing God / A Parábola do Deus que Dança.* Jackson, Mississippi: Perichoresis Press, 1995.

*God Is For Us / Deus É Por Nós.* Jackson, Mississippi: Perichoresis Press, 1995.

*Home / Lar.* Jackson, Mississippi: Perichoresis Press, 1996.

*The Secret / O Segredo.* Jackson, Mississippi: Perichoresis Press, 1997.

Thomas G. Weinandy, *In the Likeness of Sinful Flesh / Na Semelhança da Carne Pecaminosa.* Edinburgh: T & T Clark, 1993.

John McLeod Campbell, *The Nature of the Atonement / A Nature da Expiação.* Reprint with Introduction by James B. Torrance. Grand Rapids: Wm. B. Eerdmans Publishing Company, 1996.

P. T. Forsyth, *The Work of Christ / A Obra de Cristo.* London: Hodder and Stoughton, reprint 1946.

Anselm, *Cur Deus Homo / Por que Deus Se Fez Homem.* Edinburgh: John Grant, 1909.

Gustaf Aulén, *Christus Victor / Cristo Vitorioso.* London: SPCK, 1950.

Wendell Berry, *What Are People For? / Para Que Servem as Pessoas?* New York: North Point Press, 1990.

William C. Placher, *The Domestication of Transcendence / A Domesticação da Transcendência.* Louisville: Westminster John Knox Press, 1996.

Michael J. Buckley, *At the Origins of Modern Atheism / Nas Origens do Ateísmo Moderno.* New Haven: Yale University Press, 1987.

Daniel Migliore, "The Triune God" / O Deus Triúno e "The Good Creation" / A Boa Criação em *Faith Seeking Understanding / Fé em Busca de Entendimento.* Grand Rapids: Eerdmans Publishing Company, 1991.

Richard of St. Victor, "Book Three of the Trinity" / Livro Três da Trindade em *Richard of St. Victor.* New York: Paulist Press, 1979.

Michael Murphy, *Golf in the Kingdom / Golfe no Reino.* New York: Penguin Books, 1992.

Mitch Albom, *Tuesdays with Morrie / As Terças com Morrie.* New York: Doubleday, 1997.

A. M. Allchin, *Participation in God: A Forgotten Strand in Anglican Tradition / Participação em Deus: Uma Tradição Esquecida no Anglicanismo.* London: Dartmon, Longman & Todd, 1988.

Douglas B. Farrow, "The Doctrine of the Ascension in Irenaeus and Origen" / A Doutrina da Ascensão em Irineu e Orígenes. The Journal of the

Faculty of Religious Studies, McGill 26 (1998), pp. 31–50.

Hans Urs von Balthasar, "Our Capacity for Contemplation" / Nossa Capacidade de Contemplação em *Prayer / Oração*. New York: Sheed & Ward, pp. 27–67.

Robert Farrar Capon, *The Mystery of Christ and Why We Don't Get It / O Mistério de Cristo e Por que Não o Entendemos*. Grand Rapids: Eerdmans Publishing Company, 1993.

John Calvin, *The Institutes of the Christian Religion / As Institutas da Religião Cristã*, edited by John T. McNeill and translated by Ford Lewis Battles. Philadelphia: The Westminster Press.

Wilhelm Niesel, *The Theology of Calvin / A Teologia de Calvino*. London: Luttwerworth Press, 1956.

Gerald Hawthorne, *The Presence and the Power / A Presença e o Poder*. Dallas: Word Publishing, 1991.

John V. Taylor, *The Go-Between God / O Deus Mediador*. London: SCM Press, 1982.

James Houston, *In Pursuit of Happiness / Em Busca da Felicidade*. Colorado Springs: NavPress, 1996.

J. Keith Miller, *The Secret Life of the Soul / A Vida Secreta da Alma*. Nashville: Broadman and Holman Publishers, 1987.

Brent Curtis and John Eldredge, *The Sacred Romance / O Romance Sagrado*. Nashville: Thomas Nelson Publishers, 1997

# Outros Livros de C. Baxter Kruger

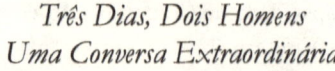

## *Patmos:*
### *Três Dias, Dois Homens*
### *Uma Conversa Extraordinária*

Quando Aidan se vê longe de sua terra natal no Mississippi, ele inexplicavelmente encontra o apóstolo João na ilha de Patmos. Abatido pelo mundo moderno e desesperado por respostas que seus anos de estudo não conseguiram satisfazer, Aidan se depara com percepções surpreendentes do discípulo amado de Jesus. Os dois iniciam um diálogo extraordinário sobre verdade e mentira, revelação e engano, tristeza e alegria. Segunda Edição.

"Patmos é uma porta de entrada para uma teologia profunda e envolvente, capaz de transformar vidas!"

Wm. Paul Young
Autor best-seller nº 1 do The New York Times de A Cabana

## *A Mediação de Jesus Cristo*
"Um livro digno de ser pregado em alguma porta!"
JOHN FERGUSON, MD, ESCÓCIA

União ou Separação? Essa é uma pergunta importante. Muitos de nós, talvez a maioria, começamos com a ideia de separação de Deus, porque a Igreja Ocidental tem pregado essa visão por tanto tempo que nem percebemos que havia outra maneira de enxergar as coisas. Mas, uma vez que tiramos os óculos da separação e colocamos os óculos da União... Oh, meu Deus! Como tudo muda! Dr. C. Baxter Kruger tem enfatizado esse ponto há mais de 30 anos. Seu novo livro, *A Mediação de Jesus Cristo*, é o resultado de uma vida inteira de estudo, pregação, discussão e experiência vivida a partir da perspectiva da união – união do Pai, Filho e Espírito, união de Jesus com toda a humanidade e, de fato, união com toda a criação. Esperamos que este livro ajude você a ver as coisas através de uma nova perspectiva – as lentes através das quais os Pais da Igreja primitiva enxergavam Jesus, Seu Pai e o Espírito. Deixe as palavras deste livro mergulharem profundamente em seu coração, mas antes de começar a leitura, peça ao Espírito que abra seus olhos e pergunte a Ele se isso é verdade.

RANDY BAXTER

## De Volta à Cabana

Milhões de pessoas tiveram sua fome espiritual satisfeita através de A Cabana, best-seller n° 1 do *The New York Times* de William P. Young – a história de um homem resgatado do desespero por meio de um encontro transformador com Deus Pai, Deus Filho e Deus Espírito Santo. *De Volta à Cabana*, de C. Baxter Kruger, nos leva a uma compreensão mais profunda dessas três pessoas divinas, ajudando-os a desenvolver uma conexão mais significativa com a mensagem central de *A Cabana* – de que Deus é amor.

"Baxter Kruger surpreenderá os leitores com sua combinação única de brilhantismo intelectual e genialidade criativa, levando-nos profundamente à maravilha, adoração e possibilidade que é o mundo de *A Cabana*."

WM. PAUL YOUNG
*Autor de A Cabana e Eva*

## Através dos Mundos
### Jesus em Meio à Nossa Escuridão

Inspirado pela visão da Igreja Primitiva sobre Jesus, em *Através dos Mundos*, Baxter Kruger nos confronta com o fato surpreendente de que Jesus estabeleceu uma relação real e pessoal conosco em meio à nossa escuridão. Jesus não está ausente – Ele está presente conosco e em nós exatamente como somos, não como fingimos ser aos domingos de manhã. Ele está nos lugares onde sentimos vergonha e onde nossos medos se escondem. Jesus se recusa a ser o Filho do Pai e o Ungido pelo Espírito sem nós, e o "nós" que Ele se recusa a deixar para trás é o nosso "nós" quebrado, teimoso e cego.

Estamos prestes a embarcar em uma jornada selvagem e libertadora, mas Jesus não nos soltará até que vejamos o que Ele vê, saibamos o que Ele sabe, sintamos o que Ele sente e vivamos em Sua liberdade.

"*Através dos Mundos* é um livro extraordinário que recomendarei sem hesitação…"

PROFESSOR ALAN J. TORRENCE
Universidade de St. Andrews, Escócia

## Jesus e a Ruína de Adão

Em Jesus e a Ruína de Adão, o Dr. C. Baxter Kruger enfrenta aquilo que ele considera ser o pecado dos pecados da igreja ocidental. Se você é alguém que crê na Bíblia, mas sente um desconforto com a ideia de que o Pai precisou ser aplacado para nos aceitar — ou de que o sofrimento de Jesus na cruz veio das mãos do próprio Pai — então este livro é para você.

Curto, direto, profundamente claro e envolvente, Jesus e a Ruína de Adão apresenta uma visão bíblica e inspiradora da morte de Jesus como um ato conjunto do Pai, do Filho e do Espírito — uma ação de perfeita unidade, que nos alcança no meio da nossa grande escuridão. O livro inclui uma exposição sobre o Salmo 22:1 — "Meu Deus, meu Deus, por que me abandonaste?" — e um sermão de Sexta-feira Santa.

"A teologia é um veículo criado para explorar o encanto e a profundidade de Deus conosco. Mas, infelizmente, muitos que dirigem esse veículo acabam pegando sempre as mesmas estradas seguras, em seus sedãs confortáveis e previsíveis. De vez em quando, porém, surge um aventureiro que, ao se arriscar fora das rotas principais, nos conduz aos mistérios profundos e vastos do glorioso Deus triúno. Baxter Kruger é um desses aventureiros, e Jesus e a Ruína de Adão é seu mais novo veículo todo-terreno. Eu fui profundamente enriquecido por essa viagem."

GLEN SODERHOLM
*Pastor, cantor e compositor, Toronto, Canada*

## Deus é Por Nós

O livro *Deus é por Nós* nos leva ao coração do evangelho. Composto por cinco palestras brilhantes, ele é claro e acessível, mas desafiador. Dr. Kruger é um filho do Ocidente que desafia aquilo que muitos sabem que não pode ser verdade. O capítulo de abertura, "O Evangelho Eterno do Pai", continua pessoalmente sendo o favorito de Baxter.

"Descobrir que Deus é 'por nós' será uma experiência transformadora para aqueles que cresceram sob a opressão de uma teologia que nos empurra a 'fazer algo para Deus!' Eu gostaria que pastores sobrecarregados lessem este livro antes de pregar outro sermão, e que cristãos desanimados absorvessem sua mensagem antes de irem à igreja novamente!"

RAY S. ANDERSON, PH.D.
*Ex-Professor de Teologia e Ministério, Fuller Theological Seminary*

# Livretos de C. Baxter Kruger
## *A Parábola do Deus que Dança*

Baseado na história de Jesus sobre um pai e seus dois filhos, o primeiro livro de Dr. Kruger – e agora um best-seller internacional – é um retrato curto e poderoso da surpreendente verdade sobre Deus. Longe de ser um legalista que mantém registros e nos observa como um falcão para ver se seguimos suas regras, o Pai que Jesus revela é um Pai apaixonado, que nos ama para sempre e não deseja nada de nós além de que conheçamos Sua aceitação e alegria, e vivamos em Sua liberdade. Amado ao redor do mundo e utilizado por pastores, terapeutas e grupos de recuperação, este pequeno livro nos coloca face a face com o coração paterno de Deus. É simples, direto e incrivelmente belo.

"Por 55 anos, 11 meses e 16 dias, tentei acertar. Quero dizer, tentei muito. Passava das 11 da noite quando decidi ler este pequeno livreto, 'A Parábola do Deus que Dança', que meu genro me enviou. Quando cheguei à terceira página, senti como se tivesse sido atingido no rosto por uma frigideira de ferro. Deitei no travesseiro, atordoado, e disse: 'Deus, será que eu estive pensando errado a vida toda?' A resposta foi simples e clara: 'Sim.' E isso é apenas a ponta do iceberg."

JULIAN FAGAN,
*Advogado, Amory, Mississippi*

## *O Segredo*
### *O Que Você Sabe, Mas Nunca Soube*

Este livro é um verdadeiro feixe de laser cortando a névoa da confusão religiosa. Com apenas algumas páginas, você verá Jesus Cristo não como um espectador que simplesmente o observa à distância, mas como o segredo da sua própria existência. Você passará a enxergar a si mesmo e sua vida como nunca viu antes. Simples. Claro. Surpreendente. Este livro deveria ser leitura obrigatória para todas as pessoas no mundo ocidental.

## *Lar*
### *O Sonho Inconsolável*

"Lar" é uma das palavras mais evocativas e marcantes da nossa linguagem. Como qualquer outra palavra, é apenas uma combinação de letras, mas possui a extraordinária capacidade de nos falar profundamente e um poder quase mágico de tocar nossas almas. Por que isso acontece? O que há nessa palavra? Por que parece ter essa habilidade tão especial de nos impactar tão profundamente?

# Para Mais Informações

Por favor visite: www.perichoresis.org

Aqui você encontrará diversos recursos, incluindo acesso gratuito a podcasts, vídeos, diagramas, ensaios e palestras. Você também poderá comprar livros e produtos e acompanhar eventos.

Não se esqueça de assinar nossa newsletter e nosso canal gratuito no YouTube:

Astonished Hearts with Dr. C. Baxter Kruger and Friends.

Se quiser participar de uma comunidade online e acessar discussões mensais ao vivo com Dr. Kruger, inscreva-se no nosso canal no Patreon.

Patreon – Across All Worlds

Use este código para o website onde você poderá ter acesso aos recursos acima.

www.perichoresis.org

E por favor siga-nos na Rede Social:

https://www.facebook.com/PerichoresisConnection

https://twitter.com/perichoresismin

https://www.instagram.com/perichoresisconnection/

https://www.youtube.com/channel/UCGVk0Qg4R_vDleIygjLrqPQ